内村鑑三と田中正造

大竹庸悦

流通経済大学出版会

序　「読む」ということ

ニーチェは、自らが誤解されるよりも、理解されることを恐れていた。彼によれば深遠な思想は、多くの仮面《マスク》を持ち、多面体であり、一元化や体系化への拒絶をも含んでいる、という。従って、当然のことながら、一元的解釈原理に固執して、そこから自由になり得ない者は、その出発において、誤謬を犯している事になろう。ニーチェが、あの宗教改革者ルターをも、教養俗物と断じ、ドイツ精神を犯罪者に仕立てた張本人として糾弾する理由なのである。

その彼が読者に求めてやまなかったのは、「牛になること」、「反芻すること」という、一見、単純すぎることだった。「読む」ということが、日常的であるわれわれにとって、この「反芻する」という行為は、極めて深い意味を持つ。洪水のような出版状況の中で、読むべきものを選択することから、この行為は始まる。しかも、読みの対象は、書かれたコトバにとどまらない。語られるコトバや、そのことを行為する人間をも含む。人間相互のつき合いも、この読みなしには行なわれない。だから、出会いは（人と物とを含めて）真実のダイアローグの開始でなければならない。しかも、それは対象（相手）との即かず、離れずの関係の中で、対話と討論が重ねられて、初めてその理解と解釈が成立するはずであり、一度限りの、しかも最終的な断定ほど危険なものはない。それは反復的、重層的、かつ循環的にならざるを得ないであろう。「あばたもえくぼ」という事態は、一時的ではあっても、いつ迄もそれをそれとして、判別出来ないならば、独善的たる事をまぬがれない。「思い込み」ではなく、求められるのは、まさしく非陶酔性であろう。

人間の言行は、常にその現実状況の中でなされるのだから、その解釈は、歴史的・状況拘束的事態の中でのみ、真実に可能となる。あらゆる理解は、歴史的手法を必要とし、まずは、その対象のもつ「生活の座」(Sitz im Leben)の確定が要求される。

「読書百遍意自から通ず」とか、「眼光紙背に徹する」という文言も、軽々に扱われるべきではなく、ましてや坐視や単なる瞑想を意味するはずがない。人間が様々な諸関係の中でのみ、人間たり得ているとすれば、それを取りまく、ミクロ的・マクロ的全体的関連の把握が肝腎である。その際、求められるのは、歴史的感性であり、その欠如は致命的ですらある、といったのも、かのニーチェだった。

目次

第一部

内村鑑三、その政治観の変遷をめぐって
――特に田中正造との関連において――

「人類ハ気節ニ先達而啼ク事ヲ尊シトいたし候、然レドモ時き至らずしてなくときハ馬鹿ものなりと擯斥せられ、けれども必ずしも時至りてのみ喋々するものニハあらず、時至らざるに啼こそ尊とけれ。然るに時至りても啼かざれバ鳥にもしかざる二至らん。」

――田中正造（田中正造全集第一巻四八四頁・以下①四八四頁）――

はじめに

明治「維新は封建的地方割拠主義を打破し、新国家への道を開いたかぎりにおいて、反封建的運動を意味しており、またこの意味において全国的市場の形成、所有関係における革命――要するに近代資本主義社会の創出を意味するものである」。これはその生涯を悲劇的に閉じさせられたE・H・ノーマンの名著「日本における近代国家の成立[註1]」の一節である。

加うるに、彼の鋭い歴史分析は、明治の指導者たちが、工業技術、銀行制度、軍事組織、教育制度の近代化に当って、西洋に負う所甚だ多いにもかかわらず、「その時代が封建時代をへだたること極めて近」いがために、「封建支配階級と商人階級とが広汎な妥協をとげ」ざるを得ず、それがために、「旧制度の烙印が特に精神の領域に、深くきざまれている。封建的忠誠の理想、家父長制、婦人に対する態度、武勇の称揚――などが日本において熱帯の落日とでもいう華々しい輝きを見せている[註2]」とまでいう。

恐らくこの事実は、新しい統一国家の創成に当って、その統一支配原理としての天皇制イデオロギーを擬似宗教化（西欧において、すでにイデオロギー化していたキリスト教を見据えながら、その代替物として）せざるを得なかった過程の中に見てとることが出来るであろう。
しかも、工業化に当って必要とされる資本蓄積の欠乏、技術的立遅れ、国内原料の不足など、その初発から多大の国家補助を期待せざるを得ない情況は、特殊日本的な構造としての「政商」型資本主義の展開、進展ともなったのである。

更にまた、明治政府のスローガンともなった富国強兵策は、それが国策であるが故に国際情勢や国内的な諸契機に導かれつつ工業化そのものに強く軍事的性格を刻印するに到ったことをわれわれは忘却する事が出来ない。

このような情況の下で、近代化としての資本主義化は、明治十年代に資本の本源的蓄積過程を終え、二十年代に入るや、かの特殊日本的構造としての「政商」型資本主義が本格的に発展を遂げるに到る。

斯くして、出現したのが「下層社会[註3]」であり、社会問題の顕在化であった。労働問題もまた社会問題化して来たのであった。大河内一男[註4]の指摘によれば、日本における労働運動は、明治二十九年、三十年を中心に労働者の自覚と団結の必要は理解されても、一面でそれは、修養団的な生活改善運動であり、他面では、強烈な排外思想（不平等条約改正と外資導入に対する自己防衛手段としての労働組合運動）を堅持するものであり、「社会主義」とは全く無縁であった。独立自尊、刻苦精励、修養練磨こそが、この労働問題の視角であった。しかも、この初期の組合の指導者たちは、アメリカ帰りであり、政治的革命運動に対する拒否的態度をモットーとする労働組合主義であり、いわば反・社会主義であった。

日露戦争（明治三十七〜三十八年）の遂行によって齎らされたものは、労使関係の劣悪化であった。つまり、昼夜兼行の増産活動は労働条件の一層の改悪と健康無視の作業の強制であった。

一九〇五（明治三十八）年、日露戦争は終了する。その講和条約調印の当日、いわゆる日比谷焼打事件（九月五日）なるものが起った。これは条約の内容に不満をもった民衆の爆発であった。翌六日から、十一月二十九日迄、東京に戒厳令をしかざるを得ない程の大暴動に発展したのである。鈴木正幸[註5]によれば、それまで沈黙を強いられていた民衆の、国家や政府に対する発言の開始であり、その原因は二つ、という。一つは、日露戦争が「総力戦」であったが故に、「兵士の動員は一〇〇万人を超し、これは一〇軒に一人の割合」の出征であり、しかも、「戦費は約十七億円……前年の一般会計約二億五〇〇〇万円……の約七倍に相当」するものであった。その多くが外国債でまかなわれたが、多くの国民はその為に多くの公債を負担させられたのである。その償還もまた、国民の税金に依らざるを得ず、この事が直接的に、国民と国家との結びつきを思い知らせる事になった。

二つめとして、「日露戦争の勝利によって、当面の対外的国家目標」の喪失をあげる。いわゆる三国干渉以来、「臥薪嘗胆」をスローガンとして、政府は国民に犠牲を強いてきたが、今や、その説得の理由と根拠がなくなったのである。

大衆の暴動は、自からの負担の大きさに比例する示威行動であった、といえよう。

このような時代情況の中で、これ迄、キリスト教的改良主義や自由民権思想、特にその左派の主張を持つ者、そして社会主義の思想を持つ者たちが、反戦と非戦とにおいて一致して運動を展開し得ていた。しかし、戦争の終結を迎えると共に、その思想的基盤と原理に関して、またさらにその社会における実現の方法・手段を巡って、対立と抗争が生れ、やがて分裂への道を歩むことになる。

政府による様々な弾圧もまた、執ように、そして過激に繰り返され、分裂への拍車をかけ、潰滅への一途を余儀なくされるに到るのであった。

註

1　E・H・ノーマン著　大窪愿二訳「日本における近代国家の成立」一九九三年　岩波　八七頁

2　同上　二八頁　傍点引用者

3　横山源之助「日本の下層社会」一九四九年　岩波

4　以下大河内一男集　第八巻「社会運動史Ⅱ」参照　一九八一年　労働旬報社による。

5　鈴木正幸「皇室制度」一九九三年　岩波　一三四頁以下

第一章　二人の交友の中で

一九〇三（明治三十六）年六月十三日、数寄屋橋教会において、万朝報社有志講演会が開催された。内村は黒岩涙香、中島気峥らと共に出席し、「富と徳（内村鑑三全集十二巻二九一頁・以下⑫二九一頁）」と題する講演を行なっている。その中で、「正義を断行すれば金銭は溜らぬ」とか、「金銭持は凡て快楽の多い人だ」とかいうのは、「俗人の空言」に過ぎない、と述べながら、「今日で面白い例は古川市兵衛と田中正造翁であります」と続けている。以下は少々長いが、内村による田中理解とその活動ぶりや、その人となりを見事にしかも活き活きと描写するものとして、大変貴重だと思われるので引用してみよう。

「御承知の通り翁は無一文の素寒貧でありますから、あの人は愉快の愉の字も知らない人だろうなどと諸君は御考へになるかも知れませんが、事実仲々然うではありません。私は豫じめ断言して置きますが田中翁程愉快に充ち溢れて居る人は滅多に在りません、前の日曜日にも私宅《たく》で五時間程談合《はな》しましたが、民を思ふの一念は凝りて国家山林の談に及び滾々《こんこん》として尽くる所が無い様であります。而して彼れの顔には一種言ふべからざる快色がありまして誰れも之れに引付けられぬ訳にはまゐりません、貧乏は不平の根本なりと思ふ人は先づ行いて翁を訪問なさい。私は常に考へます。古川は田中翁の有せる快楽の十分一も持っては居なかったであろうと、実に田中翁は一個の活噴泉であります。青春花の如き紅顔の少年も恐らく翁の楽には及びますまい、翁の楽の洋々たることは渡良瀬川の如く又た坂東太郎の如きものでありませう。而して翁は飽迄も無欲恬淡《てんたん》の人であります。例の紋付の羽織は相変らず翁を飾ては居りますが、近頃は糊が剥《は》げて大紋が落ちさうになつて居りますけれども、翁の口から未だ嘗《かつ》て染込《そめこ》んだ紋の附いてる羽織を着やうといふ言葉の出たことは聞きません。況んや飲食物についての不平などは勿論ありません。細君のことすらも全く忘れて居られる様であります。座敷に上り込むが否や大きな矢立と懐中半紙を取出して直ぐに渡良瀬沿岸の図面書きが始まります。彼は金に於ても亦た甚だ富める人であります。先日も紙入から二円許り取出して御集まりの書生さんに夏蜜柑でも振舞って下されとの事ですから、何うしてそんなに金を有《もつ》て居ますかと質ねますと、ナニ他人《ひと》の為めに善を為せば金銭位ゐは転《ころが》ってまゐりますといふ様な返答でありました」。

　これはまた二人の親密な、しかも暖かい関係を偲ばせるものであろう。ここで田中と対比されているのは、いう迄もなく、足尾銅山の所有者であり、足尾鉱毒事件の元凶ともいうべき古川市兵衛その人である。ここから明らかなのは、内村自身が鉱毒事件をかなり強烈に意識し、それ所かむしろこの事件への積極的な関わり方を如実に示しているということが出来るであろう。

　さかのぼれば、田中正造は一八九七（明治三十）年二月二十六日、第十回帝国議会に「公益に有害の鉱業を停止せざる儀につき質問書」を提出すると共に、これに関する説明の演説を行なっている。これは十八ヶ条にわたり、しかも二時間余に及ぶ質問の連続であった。結論に曰く、「政府ガ法律ヲ以テ人民ヲ保護シナイ、公益ヲ保護シナイ、人民ハ法律ヲ守ルノ義務ナシ（⑦五五一頁以下）」とする甚だ、激烈な、しかも切羽詰ったものであった。

田中の活動に呼応する動きも活発になっていた。二月二十八日、そして三月三十日と神田基督教青年会館に於いて、当時、青山学院の学生であった粟原彦三郎が組織した鉱毒演説会に、田中も出席し被害地の惨状を訴え、輿論の喚起を促がした。鉱毒被害民たちも、「押出し」と呼ばれる大挙請願活動のために上京したのは、三月二日から五日にかけての事であった（第一回目）。二回目は三月二十三日から三十日にわたって行なわれ、三月二十三日には、農商務大臣の榎本武揚が被災地を自から視察し、翌日には足尾銅山鉱毒事件調査委員会が内閣に設置される運びとなり、期待を持たせたが、当の榎本は二十九日に大臣を辞任する事態となった。

調査委員会は、四月十三日に第一回の会議を開催したが、政・官・財のなれ合いに終始する有様であった。五月二十七日、政府は、古河市兵衛に対して、鉱毒停止という抜本的解決策ではなく、一時的且つ皮相的な予防工事を命じて、問題を隠ぺいしようと謀った。

内村が、足尾鉱毒事件を取り上げ、それに論評を加えたのは、一八九七（明治三十）年四月二十二日の「万朝報」が最初である。題して「無能政府[註6]」という。鉱毒事件の処理方針をめぐる政府の対応の鈍さ、無為無策に対する憤りと怒りが、時の政府に無能政府という烙印を押すことになったのである。つまり科学者の判断からするならば、これ程明白自明な事件に、数年の長きに渡って、一つの裁断すら下せない無能や鈍さは、彼らの慾心を示す以外の何物でもない、無資無力の学校教師、不敬漢、新聞記者などに対しては、敏速に放逐したり、名誉を傷つけたり、獄に投じたりしているのに、事が「金満家に関するあれば、言を法律家の疑義に借り、逡巡決せざるを以て常とす。古河若し保護すべくんば何の躊躇か之を要せむ、民の秋声、聴くべくんば何ぞ直ちに受納せざる[註7]」、と政府を責め、その怠慢と責任を追求するものであった。

下って、十一月二十日、万朝報に「警世小言」なる論説をのせている。題は「躊躇するなかれ[註11]」である。「一物を建設せんには一物を破壊せざるべからず、……破壊と改良とは世の常態にして、実に社会の生命なり、……破壊することなくんば、社会は死せるなり、改革の健児も如何にして、善きものを来さんと苦慮する勿れ、要は鉄腕を振って醜悪を摧くにあり……（④一五八頁・傍点引用者）」、と。

破壊といい、鉄腕といい、まことにもって激越な言葉であるが、内村の怒りの深さを端的に示すもの、と思われる。

万朝報において、「社会の観察家、その熱心なる評論家[註8]」と自からを規定し、社会的弱者の立場に立つことを鮮明にした内村に対して、多方面からの期待と希望とが寄せられることになったのは、極めて当然の事であり、それに応えようとする内村の意気込みもまた並はずれたものであったことをうかがわせる。

このように内村は、藩閥政府に対する批判は厳しいものであったが、しかしなおもその政府に一縷の望みを託さざるを得なかった。「正義を口にせずして正義を実行する内閣」（「吾人の要する内閣」（4八頁）」、（万朝報一八九七（明治三十）年二月十八日）を要望し、政治家に対しては、「政治の目的は善を為すに易くして、悪を為すに難き社界を作るにあり、天下を平らかにするに非ず、正道を施くにあり、故に義の為に争ふも和の為に譲らず（5一二九頁）」（万朝報、一八九八（明治三十一）年一月二日）と説得を続けていたのである。このような激越な批判と説得というアンビバレンツな状態の中で、一種のやり切れなさや嘆きをも聞きとることも出来る。例えば、「然り、万国無比の国体を有する日本に、無能、貪慾、薄情なる貴族の存在すべき理由あるなし。世界の君子国に詐欺師に類する紳商、博徒に類する実業家の跋扈する理由あるなし、我が国体は已に消滅せし乎、下民悲鳴の声日々に高くして、貴族豪商の驕慢は日々に甚だし、敢て忠君愛国を以て誇る大諸先生の教を乞はん[註9]」（一八九八（明治三十一）年二月十八日）と。

内村は、一八九八（明治三十一）年五月四日、朝報社を退社し、六月十日「東京独立雑誌」を創刊する。間もなく内村は、抵抗権《ていこうけん》にふれるような微妙な発言を、「時感一六」の形で発表している（「東京独立雑誌」以下〈独立〉一号。六月二十五日）。彼のその論説に依れば、「下は上に抗するの権を有せず」とする東洋的倫理は、結論的に「政府は上にして、人民は下なり」、と解するに到る。従って、人民の代表体としての衆議院は、「政府を輔翼し得るも、之を指揮するの権能なし」となるのが、「当然の理」である。「政府が衆議院を玩弄するは、為政者が未だ東洋的倫理思想の羈絆を脱せざるの証なり。日本人の政治思想は、土台的のリボリューションを要す。然らざれば、憲法政治は遠からずして日本より跡を絶つに至るべし（⑥二二頁・傍点引用者）」。

内村自らが、直接的に政治に携わるか、あるいは政治に関わっている政治家の倫理、道徳の革新につながる活動に従事するか、「あれか、これか」という二者択一の前に自らをさらしたのであろうか。

七月に入るや、「恥かしき政治と恥かしからざる政治（⑥三五頁以下）」（〈独立〉三号七月十日）という論説をかかげ、政治を最大の慈善事業と位置づけながら、現状は政治が利慾と野心の権化と化し、政治家といえば、山師、三百代言に成り下っていて、彼らの政治思想に慈善的要素など全く存在しなくなっている、と断ずるに到っている。従って、彼によれば謙譲の心からする政治こそが、恥かしからざる政治だというのに、何たる現状かと悲嘆に暮れる仕末である。しかし次に続く文言は注目に値いするだろう。すなわち、「みずから候補者となりて政権を争ふにあらずして、衆庶に迎へられて已むを得ず、顕職に就く政治家」が真実に必要とされるのであり、「慈恵心を国家の上に適用する政治」こそが希求されなければならないのであって、「利慾的、功名的元素を少しも変へざる政治」は葬り去られねばならない、との主張である。これは彼の揺れる心の正直な告白と取るべきであろうか。

さらに次の論説「再び吾人の目的に就て（⑥四四頁以下）」（〈独立〉四号七月二十五日）は、彼自身の思想、特に政治との関わり方について重大な転機を物語る明白な宣言とも受け取れる。これは後に展開される「天職論」の発芽ともいえるものであり、思想的転換の一つの節目を示すものとして注目されねばならない。

曰く、「我国目下の社会の状態は、……患部の指摘を以てするも病症を感ぜざる程度にまで進み入りし者なり。是に於ての吾人の此社会に尽すべきの道は、刺戟にあらずして営養にありと信ず」、それ故に叱喧ではなく、教導こそが必要とされる。「懶惰の為めの堕落にあらずして、衰弱の為の堕落なりと信ず。而して斯の如き場合に於ては刺戟は時には用なきにあらずと雖も、重に取るべきの道は補養にあり、培育にあり……革新を急変刻動に望むは人情の常なり、然れども根本的革新は常に静穏の業なることは歴史上の事実なり、……想なくして行あることなし、革命の実行は之に先づ深遠なる思想の注入を要す」と。

彼のこの思考は、遂に「宗教と政治（⑥四六頁以下）」に結実し、独特の政教一致論を展開するに到る。彼によれば、宗教と政治は、いわば内と外との関係、また神と形との関係である。一国の社会的制度は、その国民の宗教的観念の表顕であり、その政治制度は、常にそれを信じ来りし宗教に原因する。「所謂、政教一致なるものは、国民統御の必要より来りし便宜上の一致にあらずして、二者の根元的関係より来りし生体的（organic）一致なり、政は教の表彰にして教は政の動機なり、同一の天則なり、外を治むるに当りてこれを政と称し、内を修するに当りてこれを教という」。だから先づ教を布いて然る後に政に及ぼすのが順道であり、政を施して然る後に教を吹入れるのは逆道である。従って、前者が自然的国家建設法であり、その成功は遅いが、結果は健全であるのに反し、後者は人為的それであり、成功は迅速であるが、結果は危険なものである。「宗教家は最も大いなる政治家なり、彼らは政治上の成功は之を千百年の後に期するが故に、彼らの存命中に政治を語らず、彼らは単に生命を社会に注入するを以て職とし、民衆の改善を真理其物の行動に任かして逝く、彼らは所謂革新事業なるものに与せず、而も最も効力ある革新家は彼らなり。……天を論じて地を論ぜざる宗教家は、終に天国を地上に来らす者にして、経綸を地上に布くを以て唯一の目的とする政治家は……地をも改良開発し得ざる者なり、……一倫理を離れて政治は論ずべからず、政治を政策と同視するものは、未だ政治の神髄を知らざるなり。……政教一致して健全なる国家なり、政治、宗教を離れて国家壊る。故に国家を改造せんと欲せば、先づ其宗教から改造せざるべからず、自由制度は平等主義を宗とする国民の上にのみ施くを得べし。自由慕ふべし、然れども自由ならざる民に自由の附与すべきなし。先づ霊性に於て自由ならざるよりは、権利上の自由はこれを享有するを得ず、既に自由制度あり、而して未だ自由宗教あるなし」、と。

　ここで示されているのは、単純な政・教二元論ではないし、あるいはまた政・教一体論でもないことは確かであろう。両者の関係を有機的なものとし捕え、密接不離なるものとする理解は、勿論、制度上の問題でもないであろう。その含意するものは、大いに検討されて然るものとは思われるが、結論的に先づ霊性をと語る事によって、地上的なものが無視され、観念的な地上からの離脱と飛翔を招来する危険を、われわれは感じざるを得ないのである。個人の精神・内面への沈潜である。

この事は、次に見るような内村の言葉からして明らかなように思われる。「改革を此政府と議会に任せて千万年を待つも其来るべき筈なし、吾人は自身其責に当らざるべからず、社会万般の改良を政府に待つは東洋人の弱点なり、老衰せる此政府と政治家、彼らは税と兵役を課するの外、何事をも為し得ざるは当然のことなり、国民的精神の澆揚の如き、社会道徳涵養の如き、是を政治家より望むは、恰も雨を沙漠の中に要むるの類なり（⑦四一頁以下）」（「吾人の責任」〈独立〉二九号明治三十二年四月二十五日）。政治への深い絶望の表白と同時に、個人の道徳的革新への言及である。彼に依れば、「政治は保安を目的とし、道徳は変革を目的とす（⑦一〇八頁）」（「政治と道徳」同上三三号六月五日）るものだからである。ところが彼が目指す道徳的革新とはいっても、「日本人の倫理（⑦二四八頁）」（同上四一号八月二十五日）なるものは一般的にいって、個人的であり、「社会てふ、公的集合体に対する義務なるものを教へざりしなり。故に今日文明諸国に於て唱導せらるる公的生涯なるものは、日本人多数の未だ殆んど全く解せざる処にして、……今日より直ちにＡＢＣの訓練を要する」厄介極まりないものである。これがなかなかの難事なのである。「内なる大改革は到底望むべからず、然れども幸いにして世界の大勢の徐々にして吾人に改革を迫るあり、日本人は独り自ら内より改むの民にはあらざれども、又大勢に従はざるの民にもあらず、吾人改革の希望は惟此一事に存す（⑦二〇三頁・傍点引用者）」（同上三八号七月二十五日）という情ない状態なのである。今もって変らぬ外圧頼みと大勢順応主義への依存という他律的しかもそれははかない希望でしかない。

このような視点に立つ時、政治への期待は皆無となるであろう。日本の根底的な改造は政治による政治改革のような愚策は取るべからず、よろしく、「直ちに個人の良心に訴へ、之を潔め、之を高め、之に新理想と新希望とを供して以て国家を、其れを組織する根底より改造せんと欲す。是れ最も迂遠なる業の如くに見えて、実は最も確実にして最も簡易なる法なり(7四二一頁)」(「余輩の目的」同上四四号九月二十五日)、と断ずるに到る。

ところが、このような個人的道徳へののめり込みを見せながら、「破壊者[註10]」(同上六九号一九〇〇(明治三十三)年六月五日)と題するまことに過激な文章をも発表するのである。曰く、釈迦はバラモンの、キリストとパウロはユダヤ教の破壊者である。「破壊することは時と場合に依っては決して悪い事ではないのみならず、甚々必要な事である。……破壊を恐れるのは老人根性である。進歩を愛する者は正当なる破壊を歓迎すべき筈である。……樹の芽が出る時には樹の皮を破って出て来るではないか、世に破壊なしの改良事業などと云ふ者のありやう筈がない。先づ破るにあらざれば新芽は発かない。先づこぼつにあらざれば新社会を建設することは出来ない。……依て知る精神的事業なるものは、其素質に於て破壊的事業なると、……破壊が怖ければ、精神的事業を全く禁止するが宜しい」。

われわれはこれをどう理解すべきであろうか。一九〇〇(明治三十三)年という年は、注意しなければならない。政府は三月十日、治安警察法を公布し、政治結社の組織、集会、運動に対して著るしい規制と制限とを加え、取締りと罰則の強化をあからさまに示したのであった。

　六月に「破壊者」を宣布した内村は、それにもかかわらず、ますます道徳への傾斜を強め、九月三十日に創刊した「聖書之研究」においては、聖書のみが個人的道徳を説くものであり、「観内的道徳（イントロスペクチーブ）を軽んじて、遠望的道徳（プロスペクチーブ）を奨励するものは聖書なり（⑧二八三頁）」（「宣言」同上一号九月三十日）、と宣言する。「改革は先づ個人を以て始まらなければならない。一人の善人を作りし者は、それ丈け国家を改造せしものである（⑧四五六頁）」（「国家と家庭と個人」万朝報、十月十三日～十一月九日）からである。そして遂に「宗教と政治（⑧四九三頁・傍点引用者）」（「聖書之研究」以下〈聖書〉三号一九〇〇（明治三十三）年十一月二十四日）をいわば二者択一的に捕え、「今や宗教を去りて、政治に入るべきにあらず、今や政治を去りて、宗教に入るべきなり。……宗教は政治に勝りて世に有功なるものといわざるをえず」、と政治からの離脱、宗教への一意参入宣言となったのである。

　一九〇一（明治三十四）年は、内村が足尾鉱毒問題と真剣に、しかも活発に取り組んだ年月であった。足尾鉱毒問題解決期成同志会の一員となった内村は、四月二十一日、足利の友愛義団の招きに応じて、巌本善治、木下尚江と共に参加して講演を行なっている[註11]。翌日、鉱毒被害地を訪づれ、その視察の結果を万朝報に、「鉱毒地巡遊記」として連載（四月二十五日～三十日）、五月二十一日に結成された鉱毒調査有志会の調査委員として、田中正造らの案内で、被害地を視察した（六月二十一日）。十一月一日、東京ＹＭＣＡ会館で開催された足尾鉱毒講演会では、問題解決の急務を訴えた。さらに同月二十九日、内村は鉱毒地を訪問、十二月十二日、ＹＭＣＡで講演。共なる講演者は、巌本、黒岩、幸徳、佐治実然、三宅雄二郎であった。この講演で、内村がアピールしたことは、誠実、公正、愛心の三規箴の必要ということであった。三つの反省点を掲げたのである。それは、第一に多少の政略、術策を用いて事実よりも声を大にしていないか。第二に、公平さからして被害民にも悪しき所なきか、恥づべきところないか。第三、古河氏を苦しませず、深く愛し、誠意を以て過ちを悔い、善をなさしめるために祈る、というものであった[註12]。そこから聞えてくるのは、加害者追及というよりはいわゆる被害民の側に、より反省をせまるものであった。

　さらに十二月二十七日、内村は一一〇〇人を越える学生の鉱毒地視察修学旅行団と共に、第四回目の視察を行ない、被害民との交流に努めた。なお、この間の内村の活動の中で忘れてならないのは、七月二十日に行われた理想団の結成である。これは黒岩涙香の呼びかけに応ずるもので、社会の救済のためという明確な目標を設定したものであった。その発起集会で行なわれた内村の講演は、「理想団存在の理由」と名づけられたものであった。彼は叫ぶ、「理想団は社会改良を目的として成ったものではあるが、然し世間に多くある社会改良団とは全く性質を異にし、……ある種、別の方法を以て社会を改良せんと欲する。即ち先づ自己を改めて、然る後に社会に及ぼさんと欲する者である。社会の悪事にのみ注意し、欠点をのみ責めて之が改良を計らんとするは理想団の方法ではありません。先づ第一に自己を改むる事であります（⑨三五五頁・傍点引用者）」（「入信の記」万朝報十月六日）という内容のものであった。

その発会式に当って採用された宣言は、自己改革という内村の精神を表明するものであり、内村の影響の甚大さを如実に示すものであった。曰く、「社会人心の腐敗堕落、年に月に甚だしきは、何人も認めて而して慨嘆する所なり。これを救うの道は人々自らを正しくして以て人に及ぼすに在り。この理は何人も知る所なりといへども、個々分立するが為に、以て大勢に抗するに足らず。今日の急はまずこの分立する者を合して一団の勢力と為すに在り。これ理想団の興る所以なり。時勢を憂うる者、来りて相共に社会救済の原動力たるを期せよ」。

発起人は内村の外に、黒岩涙香、天城安政、円城寺清、幸徳秋水、堺利彦、斯波貞吉、山県五十雄らであり、後に安部磯雄、片山潜、木下尚江も加入参加しており、当時の言論人を代表する多士済々の集団であった。なお、田中正造も、この理想団に共鳴する一人であった。

ここでわれわれが問題にしなければならないのは、このような多種多様な人々との接触や交流、活動や集会などを通じて、内村が何を感じ、何を学んだかである。彼はすでに、幸徳秋水とは、朝報社の同僚として、相互の交流も深まっていたと思われ、それ故にこそ内村は、幸徳の処女作「廿世紀之怪物帝国主義」（四月二十日刊）の序文の依頼に応じ、それをすでに四月十六日に万朝報に発表しているのである。

当時の内村の社会主義に対する知見が、どのようなものであったかが問われなければならない。社会主義という言葉の初見は、一八九八（明治三十一）年二月十八日の万朝報においてであるように思われる。しかもその見解は、家族的共同体としての日本の国体と同一視するものであり、「これ経済学者クレー氏が称して以て人生の最大目的と做せし結交（アソシエーション）に外ならず、またラクマン、カール・マルクス等の高尚なる社会主義と異ならず（⑤二七九頁）」（「国体新説」）というものであった。

何れにせよ、彼にとっては「聖書の研究こそ、社会改良の最良の法であり、渡良瀬川に聖書が行き渡る時、鉱毒問題は解決される時である（⑩九六頁）」というのが、その確信であり、また活動の目標と希望であった。改革は、外よりではなく、あくまでも内よりの自己革新から始まるのである。と共に、それがいかに「不可能事（⑩二一九頁）」（万朝報　明治三十四年六月二十六日）ではあっても、「古河市兵衛氏の心に大慈悲心が湧き起り」、日本帝国の大汚点を拭うにいたることをこそ期待しなければならないというのである。

内村にとって、鉱毒問題の淵源は、いわば古河市兵衛の個人的資質、つまり彼の徳性の低劣（色欲）さにあるのであって、それ故に彼は、社会に対して華奢淫逸の害毒を流し、特に青年たちにその影響を与えている、ということにあるのである。古河が早稲田へ六千円、感化院や孤児院に四百円、五百円と寄附をしているからとて、「天下幾千万の青年を誤まらしつつある者」であることに変りはない。彼は決して慈善家ではない（⑩三六二頁）。（万朝報一九〇二（明治三十五）年十一月十三日）。といって、彼の汚点をあげつらってみても、同胞相互が皆そのような状態に陥入っているのであるから、「隣人の改良のみを要求して、自身の改良には少しも意を用いない」とするなら、「社会改良は終に社会擾乱を以て了る（⑩四六六頁）」（万朝報　同上十一月二十九日）他はない。あるべき道筋は、「古河市兵衛氏をして、彼の荒廃的事業を益々拡張せしめ」（「悪に抗する勿れ」同上十一月二十八日）ることである。その為すがままに、むしろ益々、徹底的に悪の道を進ましめることこそ、われわれの取るべき道である。しかも前にふれたように、それが不可能事とはいえ、古河の精神・資質の革新、すなわち大慈悲心が湧き起ることを期待しつつである。個人の精神の改良、それが成る時にこそ、鉱毒問題は、十全に解決されるというのが、内村の理解であり期待であったように思われる。（ここでわれわれは、一種の「堕落論」を想起してもよいのであろうか。甚だ疑問である）。なお、ここでわれわれは、古河市兵衛の妻タメが神田川で自殺を遂げたことを特記しなければならない。彼女は、日本キリスト教婦人矯風会主催の演説会で、夫の市兵衛非難の声が相次いだこと（彼女が直接に聞いたとも、ひそかにおくった女中からの報告ともいう）、そして市兵衛の蓄妾問題を苦にしてのこと、ともいわれる。一九〇一（明治三十四）年十一月三十日のことであった。

なお、後に見るように内村は、禁酒・禁煙と共に、当時における知識人・運動家たち、そして社会主義者たちの女性問題や金銭感覚のいい加減さとルーズさを許すことが出来なかったし、これがまた、不協和音のタネでもあったのである。宗教心の発揚による個人の道徳的革新にその全てを期待する内村と、その声に全くといっていい程、無関心・無頓着な人々、あくまでも社会、特に経済のシステムと構造の変革を意図し、それに全てを期する社会主義者たち（勿論、中には両方に気配りを惜しまなかった人々も存在した）との対立抗争は予期される事であった。思考の原理的対立、相互の立場への気配りのなさ、無理解と無関心、非難と中傷合戦、相互の憎悪、不信とが抗争を更に増幅させたであろう。やがてはそれが相互の分離と決裂へと導くのは必至であった。個か全体か、精神か肉体か、といった不毛の二元論の中へと陥入ってしまったのである。田中は、このような四分五裂の混乱した情況の中で、いいようのない悲惨と孤独とを味わっていたように思われる。

註

6　④　一二六頁。勿論、鈴木範久「内村鑑三」、（一九八四年岩波書店八五頁）が指摘しているように、内村が足尾銅山の鉱毒を最初に取り上げたのは、一八九七（明治三十）年三月十六日の万朝報の英文欄の Four Notorious Facts About Mountains「山について悪聞四題」で第二の山として足尾銅山であろう。

7　ここには彼自身のいわゆる「不敬事件」や、藩閥政府の新聞紙条例や讒謗律、集会条例などによっての不当な弾圧に対する抗議や批判と皮肉が込められているであろう。なお、いわゆる「不敬事件」については、鈴木範久「内村鑑三目録、一八八八〜一八九一、一高不敬事件」上、下、一九九三年教文館）を参照されたい。今ここで、この事件を直接に論ずる余裕はないが、率直にいって、内村が内村たるが故の一つの神話が形成されているように思われてならない。いわば、逆フレーム・アップというべきか。この事件をもって内村が明治政府のイデオロギーとしての「天皇制」に対して意図的にかつ自覚的に抵抗した、と見るのは、彼自身の精神に対する著じるしい誤解に他なるまい。彼はあくまでも勤王であり、教育勅語の実践者をもって任じていた事は明らかであるからである。例えば、彼が朝報社入社直後（一八九七（明治三十）年）の万朝報二月二十八日号に次のように書いている。「吾人の要する内閣」は「正義を口にせずして正義を実行する内閣なり、勤王論の看板を掲げずして真正に日本と其皇室の幸福を計る内閣なり」（傍点引用者）と。さらに続けて「大不敬」と題して、「聞く薩長軍の幕兵を憤らせんと計るや、宮禁に放尿して戦を挑みたりと。是れ勅語に向って低頭せざると孰れが大いなる不敬罪なる耶、是を為せし者、彼を為せし者を責めて忠臣を気取る。強盗が窃盗の首を刎ねて其罪なきを飾るの類ならずや」（四月二十一日）と。（4八・一二五頁）（傍点引用者）

さらにはエリートたる内村に対処した藩閥政府に対するうっ積したウラミ、ツラミが込められている、と考えて間違いはない。いわゆる「不敬事件」における内村には、情況への戸惑いと逡巡を隠す事が出来なかった。そしてその弁明の根底にはコトバより実践という彼の倫理的思いがひそんでいた。矢内原忠雄が指摘するように、「彼はたしかに問題にふれた。そしてその手応えの意外に強く、反噬の激しかりしにより、彼は戦いを再びせず、問題は覆われて今日に及んだのである」（「内村鑑三とともに」上一九六九年東大出版会八十八頁）。この冷徹さこそ正しい、といわねばなるまい。関根正雄もまた、内村の新しい全集出版の意義を、内村に対する「相対化の視座」形成への必要不可欠の事として期待を表明している。つまり、内村がすでに教祖化され、一元化されていることへの危険を憂慮し、それ程楽観的にはなれないにしても、と断わりながら「対自化による二元的緊張の回復の必要」を強調している。（内村全集月報5、一九八一年二月）、いわば内村に対する非神話化の促がしであろう。

8　鈴木範久「内村鑑三」一九八四年岩波書店八〇頁より引用

9　[5]　二七九頁　内村の天皇論や国体論については、別途論じる必要があるだろう。ただここでは、明治期特有の高揚した国家意識、そしてナショナリズムから、内村もまた自由ではあり得なかったのではないか、という事実を直視したい、と思う。殊に彼が二つのJ（Jesus と Japan）を語る時、ナショナリスト内村の面目躍如であり、武士道を台木としてキリスト教を接木とする日本のキリスト教の樹立を語ったり、宣教師問題、そして無教会主義を標榜する時、彼自身が夢想したキリスト教国アメリカに対する幻滅の深さと反動、コンプレックスの表明とも理解し得る。公平であるために附記しなければならないのは、「三十年間、忠君愛国てふ支那的偽善教育を施され来りし社会」（「注告に答ふ」万朝報一九〇一（明治三十四）年一月二十八日[9]　三五頁）という言葉である。

佐伯彰一は、内村の自己劇化への傾斜に注目している。彼によれば、作家の破滅型と調和型という区別は、宗教家においてこそ妥当するものと考え、内村はまさにその破滅型に属するという。「もちろん自分で意識的に仕組むわけでなくとも、ロマンチックな気質はおのづとドラマチックな事件や状況を招きよせずにはおかぬのかもしれない」。この事は「不敬事件」直後の職歴を辿るだけでも明らかである。「事件のショックが強すぎて絶えず落着かぬ気分にかり立てられたとも受けとれるが、そもそも他人の指揮、管理する組織のなかで調子を合わせて仕事をしてゆくには内村の自我は強すぎたと考える方が妥当」だという。この事は、「最悪の時期に敢えて危い崖っぷちにわざわざ乗り出してゆこうとするような気配を感じとらずには」おれず、「みずからの退路をわが手で断ち切った上で、敵軍に突っこんでゆくヒロイックな指揮官を思わせ」、「ロマンチックな自己破壊の衝動」といえなくもない。「自己劇化への傾斜」、つまり、「のっぴきならぬぎりぎりの場所にわが身を追いこむことに、かえって強烈な生き甲斐を味わおうとする」、まさに破滅型と解釈するわけである。（「日本人の自伝」一九九一年講談社学術文庫版五八頁以下）このような解釈が正当かどうか、にわかには判定し難い。例えば、あの事件直後の狼ばいと落込みようは尋常ではなかった。家から一歩も外に出ず、すべての対応を夫人にまかせてしまったかのようなオロオロぶりは、ポジティブな破滅型というには、解せないものがある。しかもその結果？　病死したのは夫人であった。とはいっても彼自身の自己劇化への傾斜、そしてその激しさという点は否定すべくもないし、承認さるべきである、と考える。

10

[8]　二三二頁以下　山折哲雄は、内村の激情を問題にしている。彼は第一に、「余は如何にして基督信徒となりし乎」を取り上げ、内村が自己点検の作業と同時にキリスト教国アメリカに対する

挑戦を果敢に果し、更に日清戦争支持の論陣を張ったこと。第二に、「代表的日本人」では、その最終に日蓮論を展開しつつ、しかも内村にとっての理想的宗教家は、「争闘性を差引きし日蓮」であると結論づけていることに注意を促している。山折が指摘するように、日蓮はその争闘性故に、内村の理想像からはづれてしまった、ということになるのであろうか。（山折哲雄「内村鑑三における「争闘」」内村全集月報7一九八一年四月）。とすると、内村は自らの理想像を築き上げるためには、自らの争闘性を捨てる他ない、と観念したことにもなる。

彼の理解によっても、日蓮上人は甚だしき放縦がはびこる世の中にあって、それに抗がい、狂気と区別しがたき熱心さをもって、この世に戦いを挑んだ生涯であった。「仏陀の本来攻撃的ならざる厭世的の宗教にありて、烈烈たる戦闘心を示している唯一の場合」（「代表的日本人」日蓮上人）なのであった。いわば日蓮上人が日蓮たる所以のものは、その争闘性に他ならなかった、といえよう。それを捨てた日蓮とは、一体どういう存在であろうか。そのアイデンティティは？

やがて見るように、自らを「破壊者」を以て任じ、しかもそれを宣布した内村は、この時点に於てすでにその「破壊者」としての姿や面影を隠ぺいしてしまったのであろうか。とすると、彼の目指した精神的事業なるものの内実、そしてその結末、行末は、と問われるのは当然のことであろう。しかし今はこの事を論じる時ではない。藤田若雄編著「内村鑑三を継承した人々」上・下一九七七年木鐸社を参照。なお、これは第三世代の無教会主義者たちによる内村の弟子たち（第二世代）に対する批判的研究である。内村は次のような言葉を残しているが、すでにしてそのべクトルは違うのであろうか。「……吾人は宜しく戦々競々として薄氷を踏むが如き懐疑の根性を捐て、、悠々然として大盤石の上に坐するが如きの信仰を以て進むべきなり。由来東洋倫理は隠退者、失望家の倫理なり。吾人は新たに【格闘者、戦勝者の倫理】を学ばざるべからず」（「勇者の道徳」東京独立雑誌四四号一八九九（明治三十二）年九月二十五日[7] 四二二頁傍点引用者）

11

この社会改良講演会は、足利第一の劇場末広座で行なわれた。ところがこのような会場選択によって、内村は「余の熱心は冷却した」という。何故か、「そは余に取りては劇場に於て余の意見を述るは待合茶屋に於て日本帝国の代議士に道徳を聞かすやうな心地して、清想浄思は決して余の心に湧き来らざればなり」、そして遂に彼は「足利人士の無慈悲なる」に「怒ても尚余りあり」と録す（[9] 一五三頁）。そこに内村のエリート意識と異常なまでのピューリタニズムを見出すのは容易であろう。しかも、当時の足利により適当な会場を見出し得たとでもいうのであろうか。勿論、正宗白鳥が指摘するように、ここに文学や演劇を嫌っていたことの一表現と見做す（「内村鑑三、我が生涯と文学」（一九九四年、講談社文芸文庫版、七二頁以下）事も可能であるが、彼のこのような感覚と意識は、およそ庶民のそれとはかけ離れたものであったことは疑い得ない。家族・兄弟そして周囲の人たちとの不和や抗争の原因ともなり、生涯彼にまつわりついていた家父長意識と共に、多くの人々との共働を妨げ、特に社会主義者たちとの決裂を結果せざるを得なかったものが、ここに隠されていないだろうか。勿論、非が全面的に彼の側にあるなどというつもりはないが。後に詳細にふれるように、内村は、社会主義者たちとの不協和音を察知しており、それが原理的対立へと進行することを予見していた。殊に幸徳秋水とは、その師中江兆民の生前の遺稿「一年有半」と「続・一年有半」、特にその「無神無霊魂」をめぐって、さらに社会改良の方法・手段をめぐって論議が交わされていた。内村は、「神なし、霊魂なし」の社会改良が、やがて高ぶりと偽善とによって、早晩頽落する運命にある、（「無神無霊魂論」9 三八五頁、「日本人の注文」同三八九頁）とするに対し、幸徳秋水は、「神なし、霊魂なしと雖も、何ぞ自由と平等と博愛とを妨げん」（「日本人の注文」に就いて」万朝報一九〇一（明治三十四）年十一月二十日）と応じていた。

12

10　四六八頁「内村氏の鉱毒問題解決」（福音新報三五四号三十五年四月九日）

第二章　田中の「聖書を棄てよ」をめぐって

内村は、理想団の有力な指導者の一人として、なおも鉱毒問題の解決に努力を傾注していた。一九〇二（明治三十五）年四月二日、YMCAで行われた講演会でも、巌本、木下、島田らと共に、民衆に訴えかけ、同月二十八日には永島与八に招かれて、群馬県西谷田村の鉱毒被害地を訪ね、視察を行なっている。なお忘れてならないのは、彼が主宰する「聖書之研究」誌上における鉱毒被災地へのクリスマス寄贈品の募集広告である[註12]。これらを通じて集められた金・品を十二月二十六日～二十七日の両日にかけて、内村自らが現地を訪ね、田中の案内によって被害民を直接見舞ったのである。この一九〇一（明治三十四）年から、一九〇二（明治三十五）年にわたる鉱毒問題を中心とする社会的活動、そして多くの人々とのふれ合いの中で、彼が学び得たものは一体何であったろうか。内村に対する人々の直接的要請は、恐らく彼自身が政治家として立ち、その指導的役割を荷ない、その責任に於いて問題解決に直接的に当ってくれるということであった。「聖書を捨てて立つ時」という声であり、「聖書の研究」から「社会的事業」への転換をせまるものであった（⑩九六頁）。しかし、内村のそれに対する応答は、明確であった。「キリスト教に由て社会は転倒せら」れ、「キリスト教出でて社会の大革命は期して待つべき（[9]一七一頁）」（「平人の宗教」明治三十四年五月）なのであり、「キリスト教は政治を語らず、しかれども偉大なる国家はその上に建設せられ（同上）」るものだからである（「国家的宗教」明治三十四年五月）。「われらはキリスト教の上に立たざる社会主義を取らず、われらはキリストに万事を捧げざる共産主義を頼らず、キリスト無しの社会主義は最も醜悪なる君主主義よりも危険なり。社会主義奨励すべし、しかもキリスト教的に奨励すべし。これをして改心和合一致の結果たらしむべし。制度法律の結果たらしむべからず（[9]一七〇頁・傍点引用者）」（「キリスト教と社会主義」明治三十四年五月）というのが彼の一貫した姿勢であった。彼は翌一九〇二（明治三十五）年一月八日の万朝報に「困った国」と題して次のような論説をかかげた。「人を作らんかな、人を作らんかな。人を作り而して後に社会を改良せんかな、是れ余輩の唯一の社会改良法である。是を措いて社会問題を喋々する者の如きは、兵を練らずして軍を談ずる者である。炭を焼かずして汽車を行かんと欲する者である。是れ不可能の事である。……理想団員となりて新人を作らんと欲する者である（[10]九頁以下・傍点引用者）」。さらにこの「社会改良法は甚々だ迂遠なるが如しといへども、しかも二千年間の人類の歴史に徴して、われはその最も確実にしてかつまた最も迅速なる改良法である（[10]十三頁）」（「わが社会改良法」〈研究〉一七号一月二十五日）。従ってこの視点から、世にいわれるいわゆる社会改良法に対して次の様に批判を呈するのである。「社会は煽動によって革まるものにあらず、煽動は塵を飛ばし、泥を掲ぐるにとどまる。煽動の効は汚濁の存在を示すにあり、そのほかにあらず（同上）」（「煽動と救極」、同上）と。

更に、富の平均という問題に関して彼にいわせれば、われわれが「富なるものに対する慾念を絶」ち得てはじめて、「皆ことごとく貴人たる」を得、「名誉を追ふの心なきに至て、真正の社会主義は世に行はるるに至る」のである。「言ふを休《や》めよ。是れ難事なり。到底此世に於て行なはるべきにあらず（⑩一九頁）」（「大望」万朝報一九〇二（明治三十五）年一月二十五日）、との断言であり、あくまでも精神主義一辺倒でありながら、また一方的な絶望の表明でもある。

かくして、その果ては、「（再び）政治を排斥」（万朝報三月十一日）し、「政治家を賤む」（同三月十五日）路線の確立であり、政治家不要論としての「政治家微《なか》りせば（同三月二十四日）（以上⑩六五・六七・一一一頁）という極論の展開であり、いわば政治への訣別宣言ということになるのは、当然であろう。

一九〇三（明治三十六）年初頭に当り、「聖書之研究」（三三号一月二十五日）に、内村は「キリストと社会改良[註13]」なる論説をかかげた。「余はキリストを説かずして、キリスト教的社会改良策を説けと要求する者あり。しかれどもかかる人は余に無理を要求する。キリストを離れてキリスト教的政治あるなし。キリスト教的社会改良あるなし。しかりキリストを説くことがキリスト教的政治なり、キリスト教的改良策なり」、と弁護をこころみている。内村は、前年三月二十日、「聖書を棄てよ、といふ忠告に対して（⑩九六頁）」、むしろ聖書の研究への集注こそ、と応答していたが、そしてそのある有名な社会改良家の忠告者は、田中正造であることを明らかにしている。しかしそれも、田中の救済事業への熱心さ故の言葉なのであって、何ら恨むことではない、と田中の立場に対する同情と弁明を表明したのであった[註14]。

　これに対する田中の直接的反応を見出すことは困難であるが、次の様な田中の文言は、それがより間接的、かつ一般的であるが故に、田中のいつわらざる応答的感慨として[註15]読むことは許されるであろう。「死者ノ前ニ薬石ヲ説クナカレ（⑩四九二・四九六頁）」（一九〇〇（明治三十三）年二月～四月十七日ノートに反復）、「よなよなにほふかぶりして精神家、神と仏をしるやしらずや（⑫二二頁）」（一九〇三（明治三十六）年八月）。宗教家を直接に槍玉にあげての、痛烈な皮肉である。「宗教に評論家多し、労働家乏し（⑫五四九頁）」（一九一一（明治四十四）年四月十三日）との嘆きもある。実践家田中にとっては、「宗教とは行ふニアリ。行はざるは宗教ニあらず（⑫五四九頁）」（同、十月二十一日）との理解であってみれば、上述の批判は極めて当然であったであろう。

　しかし、これだけが田中の内村に対する評価とするのは、一方的過ぎるのである。彼によれば、内村はその主義において種々の人々と異なっているとはいえ、内村は「社会救済の道に於て片時も怠らず、毫も忘るるなし[註16]」との評価を表明しているのである。内村の鉱毒問題への取り組み、田中やそして鉱毒民に対する精神的、物質両面にわたる援助へのつきざる感謝と敬意を、そこから読みとることが出来るであろう。田中は終生これを忘れることはなかった。

　鉱毒問題解決という一点に集注し、その指導的任務と責任とを背負わざるを得なかった田中にとって、政治を超えて、あるいはそれを除外しての解決などあり得ないというのが、彼の確信であった。その彼にとって、宗教への、そして個人の内面への沈潜とその改革への努力と精進などというのは、無為どころか逆に敵対勢力を助ける反動以外の何物でもない、と映ったとしても無理はないのである。内村への期待が大きかっただけに、その絶望の深さははかり知れないものがあったであろう。「聖書を棄てよ」という内村への訴えは、政治から逃亡し、人間としての責任を回避する内村への悲痛な告発と受けとることが許されよう。

田中はいう、「只無為ニ宗教主義の一ツのみとせば、自ら功を語る如き言ふハ野卑ナリ、云ふべきニあらず、然れども政治的被害災害非常の問題ハ声高く叫ぶ問題なり。叫バザれバ善悪邪正混同して見分けがたし。火事場泥棒の出るハ非常問題なるを以てなり。火事場にてハ泥棒も慈善家と誤るを多しとす。乱世ニハ人類却て猪鹿よりも賤めらる。叫ばざるを得ざるなり。叫ぶも尚且ツ及バズ。況んや叫バざるものおや⑯No.1610）」（大出宛封書一九〇四（明治三十七）年四月五日）。まさに「石叫ぶべし」の心境であった。ましてや田中には、鉱毒問題が「慈善事業ニあらず、正当防衛なり。之れ国家問題なり⑩四五七頁）」（一八九八（明治三十一）年七月三日）、と断ずる認識と見解があったのである。このような彼にとって、鉱毒問題を忘却している政府は、亡国を必然たらしめる元凶であり、それを斃すには自らを佐倉宗五郎たらしめねばならぬ、と心定めていた彼であった。この亡国の想念こそ彼を突き動かすエネルギーであり、「国が腐れたとて死ぬ事をしれる人ハ、死なねばならぬ⑩一九四頁）」（同年七月四日）というのが、田中の覚悟であった。

こうした田中の、内村に対する率直な批判が、甥の原田定助宛て書簡（⑮ No.1395）にみられる。

「一、内村鑑三氏の聖書研究ハ論旨狭きニ似たり。而モ家庭ニハ却てよろしきかと見へ候。但し双方（「聖書之研究」と「明治女学雑誌」の二誌、引用者注）とも一寸一、二葉のぞきみたのみで未だ判断明かならず（御研究を要します）……一、内村氏の聖書研究ハ吝《りん》しょくの母が袋ろの中より慢じう一ツヅツ出して子供ニ与ふる如シ、吝なれども得。小児ハ却て其一ツを喜びて食わん、利害如何」（一九〇三（明治三十六）年七月一日）というものである。身内に対するものだけにあからさまである。最終的判断を一応留保してはいるが、内村の精神の見事な把握と、田中らしい例えを使っての内村に対する的確な批判の展開である。その教説が、いかにも個人的、せいぜいの所、家庭内の家族倫理、しかも東洋的、封建的上下関係の容認、従順の道徳、そして東洋に理想的に表われている婦徳（内村はこれらを武士道の中に典型的に見ていたのであるが）は、いかにも狭隘であり、子供じみたものと田中にも映ったに違いない[註17]。

一九一一（明治四十四）年、という年は水害の多い年月であった。七十一才になっていた田中は、鉱毒問題と治水問題との密接な関係に注目していた。そのため近隣の河川の調査旅行（行脚というべきか）に精力的に取り組む毎日であった。十一月二十一日、下野の県議らを訪問したが、不在者が多く、その理由を下女らに尋ねると、芝居見物、という答えであった。彼は、連中の気楽さに、あきれる外はなかった。そして宿泊先で、日記に次の様にしたためたのであった。「人道ハ時きの勝敗、人数の多少、勢力の大小に論なし。人道ハ正理なり、正義なり、真理万人の頭脳ニあらずして、一人の精神ニ存在する事多きものなれバなり。

亡国の人ハ此真理を外ニし、学者ハ真理をさとりて放棄し、愚者ハ真理をしらず、宗教家亦直角ニ真理をのべず、感覚を忘れたる人の如くして、敢て社会の興廃存亡に頓着なし。徒らに悪魔盗賊の意のまゝに働かせて、之を傍観坐視するに似たり。曰く、呆れたり呆れたりと。学者及仁人ハ退へて口ちを開かず、偶々開くものハ書冊ニす。書冊ハ制度法律の取締る処ニして、真理の発揚などおもへもよらざるなりと。茲ニ於て盗賊ハ手ハ伸び、悪魔ハ白昼横行して良民の財産を奪へ、又ハ其肉を食ふなり。之れ亡国の亡国たる所以なり。

案ずるに、学者仁人なるもの何故ニ異口同音に叫バざるか。学者仁人少しとハせざるなり。たとへ少数たりとも、異口同音国家社会の亡びるを嘆じ、且叫ババ、一の学者一ツの仁人ハ忽ち十となり、十ハ百となり、大厦の崩れ倒るゝをも押へ、倒さざるに至らんもしるべからざるに、知識ハさとりて、之に反して動かず、云ハず、学者ハさとりて云ハず。仁人さとりて云わず宗教各派亦さとりて云わず。志士茲ニ於て為す処なく、志士却てさとり、人ニ笑れ、可憐、さとり人の此志士を冷嘲して曰く、社会をしらざるものハ此くの如シ。今日ハいかなる正義も無用なり、などとして、大患者ニして薬りを呑まざると同じ。又曰く、薬りハ病をいやすものニあらず、病の癒るハ自然ニ癒るなりと。然り病を招くが如くして病を増長せしめて心ニ衛生を講せず、多き無学の民人が病と同居して犯さるゝをも傍観し、それ独り摂生法に長じ、犯さざるなきを以て足れりとし、敢て摂生法を絶叫するニもあらず、精神修養法を絶叫するニもあらず、ゆうゆう不断、独り天然を以て病の到らざる道ちを求めて他をおもわざるニ似たり。おもわざるにハあらざれども、おもわざるに似たり。他をおもわざるもの社会ニ充満して、国漸く滅亡す（⑫五八八頁以下）」（一九一一（明治四十四）年十一月二十二日）、と。

田中の「たった一人の反乱」にも似た孤独な戦い、学者、知識人、そして志士仁人を自称した社会主義者たちの冷淡さ（勿論、石川三四郎や福田英子らによる終始変らぬ援助・協力は別として）等々、彼の心は冷えるばかりであった。宗教家たちの利己主義と無責任、それに対する皮肉を交えながらもその彼のやり場のない怒りや悲しみ、そして慷慨ぶりが、その押えた文章の中にも、そくそくと伝わって来るではないか。しかし、この文言の理解に不可欠の事として、田中の盟友木下尚江の動向を忘れてはなるまい。木下は、一九〇六（明治三十九）年十月十日、「新紀元」一二号に「旧友諸君に告ぐ」を載せ、いわゆる社会主義運動からの離脱の意志を表明し、三十一日には、伊香保山中の温泉宿に隠退してしまった。木下は田中にとっては、極めて特別の人であった。足尾鉱毒に関するルポルタージュをきっかけとする二人の盟約は、二人の思想形成、共同の活動などにとって、かけがいのないものであった。確かなのは政党運動からの離別とはいえ、田中とそしてその活動に対して、甚大な影響を齎らさずにおかなかった。なお、この木下が、「政治の破産者、田中正造」を一九三三（昭和八）年四月に、中央公論に発表しているのは、歴史の皮肉というべきであろうか[註18]。

もう一人の人物は、幸徳秋水である。特にこの田中の文言との関連で銘記すべきは、アメリカからの帰国後に顕著になった幸徳の思想の変化である。彼は今やアナルコ・サンジカリズムの方針をかかげる「直接行動論」者に変化していた。一九〇七（明治四十）年二月に起った足尾銅山暴動事件なるものは、勿論、田中らの運動と全く無関係だったのであるが、それは、数千人の坑夫たちによる打壊し運動であったが、警察力の他に出動した軍隊によって直ちに鎮圧されてしまった。その直後の二月十七日神田錦町の錦旗館で開催された日本社会党第二回大会は、田添鉄二の議会政策論と幸徳秋水の直接行動論との激しい論争の場と化した。幸徳の意見は、次のようなものであった。「田中正造翁は最も尊敬すべき人格である。今後十数年の後と雖も斯の如き人を議員に得るのは六ヶ敷と思ふ。然るに此田中正造翁が廿年間議会に於て叫んだ結果は、何れ丈の反響があったか、諸君あの古河の足尾銅山に指一本さすことが出来なかったではないか。然して足尾の労働者は三日間にあれ丈のことをやった。のみならず一般の権力階級を戦慄せしめたではないか。暴動は悪るい、然しながら議会廿年の声よりも三日の運動に効力のあったこと丈は認めなければならぬ[註19]。」

この幸徳の見解は、当然田中の耳にも入ったはずである。その時の田中の想いはどんなだっただろうか。この日記がしたためられた一九一一（明治四十四）年十一月は、すでにそれから四年程の時の流れがあり、そして更に、当の幸徳秋水は、いわゆる「大逆事件」の名の下に行われた裁判で、死刑を宣告（一月八日）され、一月二十四日にはその執行をみていた。

田中の「大逆事件」に関する見解は、処刑後東京から谷中に帰った直後、田中が青年達に語った事に示されている。「わが国の天皇の政治というものは憲法上の形式だけで、実際は往々その側近者の意見が政治となって顕われるのですから、その善悪は実際は天皇の責任ではなく皆側近者の責任です。従って天皇を倒したからとて直ちに政治が改善されるものではないのに、こうした事件の起ったことは遺憾なことです。……死刑執行に立ち会ったある人から漏れ聞いたところによると、一味のうち内山愚童、菅野すがの二人は処刑の場に臨んでも泰然自若として微動もしなかったが、幸徳さんはこの二人には及ばなかったそうだ。菅野は婦人の一念でしょうが、内山は宗教の力だと思う。理論の研究も必要ですが、宗教的鍛錬というものは、より以上大切なものです[註20]」と続け宗教心を賞揚された、というのである。

田中を含めて、大逆事件といわれるものの事実と真実を、今日的視点から判断して、その当時の人達の見解に論評を加えることは、恐らく誰にも許されるはずがないであろう。ここに示されている田中の見解も、このような見地からの留保が要請されることも必然かと思われる。更にまた、田中の直訴事件との関連もまた問われるであろう。勿論、田中自身のそれ迄の歴史的経過をも、視野に入れるべきであろう。つまり、彼自身の知的進化とか変容といわれるものへの顧慮である。一つは、天皇と政治をめぐる知識の拡がりと深まり、結局、それは田中の現実的認識の深化といわれるものであろうし、他は、田中のいわゆる宗教への傾斜、そこからする事柄の判断と評価である。特に、死刑執行に立ち合った人からの伝聞による幸徳秋水に対する評価の中に、幸徳への複雑な想いを読み取る必要があるであろう。

　田中の感慨は、決して単純ではない。様々な人々に対する種々な想いが錯綜し、しかもそれらがない交ぜにされているように思われる。次に掲げる廃娼問題に関する演説草稿（自筆）も、日時は不詳であるが、婦人に対する厚い信頼に比して、男子に対する激しい怒りが吐露された文章である。「国家ニ対する不言行ハ今の男子ハ国家の不言行を男より矯める事能わず、個人的不品行ハ女より是非ゝ、助勢を乞ハねバならぬ。或ハ議員の茶屋宗教家ニして慈善家をそしる。かくせバ世上必ず婦人をそしる。曰く生いき、曰くてんば。然れども之ニ答えて云わん。之を唱へ得ざるものハ良心ニ病、そしらるゝを怖るときニあらず。今日ハそんな事に躊躇するときでない。日本ハ亡国です。一人のために公共も政府も議員も利屈やも学者もものしりも皆左右せられて居る。国民ハ之を知らぬときである。かくして個人の方矯正が出来上たなら公共上ニも御打込ミがよろし。国のためなら男子女子もない。くされた男子ハ打倒て女子ノ勢子を以て天下を総縦するも可なり。何が男か女か。人ト禽獣も境も危へのに。宗教家の女ハ鉱毒民を救ふ。宗教家の男子ハ鉱毒民を侮辱し、虐待し、なぶり殺ニする奴つ（③六〇六頁以下・傍点引用者）」。勿論、われわれはここで特定の個人をそれと同定することは不可能であるが、田中の念頭には、潮田千勢子、矢島楫子らを指導者とするキリスト教婦人矯風会が中心となった鉱毒地救済婦人会の活躍、そして石川三四郎・福田英子らの変らざる援助と交流などが浮かんでいたことは確実だと思われる。

　田中正造の思想の独自性は、その生涯に於いて様々な実践的な活動とその中での交流と接触のあった人々との間で、鍛えられ、練り上げられたということであろう。彼は徹底して学びの人であった。対する人間のプラスもマイナスも、十分に咀しゃくし、消化し、自己の養分とする力をそなえていたように思われる。彼は、それがいかに偉大であれ、他者を絶体的存在と見なし、それを偶像として祭り上げる愚を拒否しているように見える。全てが、そして己れ自身をも批判の対象とすることを恐れなかった稀有な存在であった。このことが、彼を常に学びへと駆り立て、謙譲な生き様へと導いたのであろう。それがまた、彼の自信の源泉でもあった。「今日ハ今日主義」という彼の現実主義の底に横たわるこの中核的部分を見逃すわけにはいかない。彼は歌っている。

死す時に死に後れたる朝顔の
昼る頃見れバ　見苦しきかな
（⑨四三四頁）

今日ハ今日今日かぎりのほととぎす
汝が声のあすハ用なし
（⑲二五五頁）

註

12　例えば、「聖書之研究」二八号（一九〇二（明治三十五）年十二月二十五日）には、〈読者諸賢に檄す〉とあり「去年、渡良瀬川沿岸の砿毒被害民に頒って最も喜ばしき降誕節を守る。今年は更に主を喜ばすと同時に饑寒に泣く我が同胞を喜ばせんと欲す。物品は十二月二十日までに」とある。

13　[11]　十五頁「我に政治を語れと勧むる者あり……」（「我の政治」〈研究〉三五号三月十日）一四四頁参照

14　上の論説を「感想十年」に再録するに当っての内村自身がつけた付言に明らかである。内村に対する要望は、様々な形で直接・間接に耳に入ったことであろう。その中でも、田中のそれは最も強烈で、最も印象深いものであったに違いない。しかもそれは一度ならず繰り返し、様々な表現をもって語られたであろう。後年内村は『世に斯んなツマラない仕事（註、聖書研究、引用者）はない。何を為しても斯んな事は為さずとも宜しいとは、明治三十三年頃の日本の識者全体の意見であった。政治家、学者、社会改良家等が馬鹿にした計りではない、宗教家殊にキリスト教の牧師、宣教師までが馬鹿にした。故田中正造君が度々私の面前に於て曰うた。「聖書の研究なんて、そんな事を早く止めて、鉱毒事件に従事しなさい」と。田中翁は仕事を一つの道楽と見たのである』（「聖書之研究の過去並に現在」〈研究〉三〇〇号一九二五（大正十四）年七月二十日[29]二五九頁）、と回想したり、その死の半年程前には、『故、田中正造翁が屡々私に勧め、「古書を捨て現代を救へ」」（「社会事業として見たる聖書研究」〈研究〉三五一号一九二九（昭和四）年十月十日[32]二一三頁）と語ったとも伝えている。

15

この関連での田中正造の文言を見てみた場合、必ずしも一元的解釈を許さないものがある。宗教なるものを、常に実践の相の下において見ていた田中にとって、内村に対しても、そして宗教に対しても、時に批判的ではあるが、その全面的否定ということはないのである。「悉ク古キ書ノミヲ信ズルモノハ古キ道ヲ行クニシカズ。新道、馬車鉄気ヲ用ユベカラズ、孟子曰ク、悉ク書ヲ信ゼバ書ナキニシカズ」（一八九八（明治三十一）年十月四日⑩七十五頁）とか、「聖人の書類を見ると、予の思ふ事は皆早や書いてある。安ずるに、今の人に書物を読むの必用なし、只之を実行するにあるのみ」（一九〇八（明治四十一）年十二月⑪一五二頁）「印度に釈迦、支那に孔子、孟子の教あれども、用いて実行の人なく、終に今日のありさまなるは、教えの六ケ敷くして解するもののなきに原因す。教は直入に早く解し得ざれば、学んで功なし。徒らに教の難きは教にあらず、只之を学びの道と云ふのみ、実行に至らざる宣なり」（同上）。「聖書を読まんか、聖書を読むよりハ先ヅ聖書を実践セヨ。聖書ヲ空文タラシムルナカレ」（一九〇九（明治四十二）年四月⑪一八八頁）。「聖書ハ読むニあらず、行ふものなればなり」（⑪二九九頁）。「書籍上の修養ハ車上ノ花見ナリ。生活上、仕事上ノ修養ハ手ヅカラ花ヲ造ル人ナリ。花ヲ造ルコトヲシラズシテ花ヲ見ルモノハ、机上の熟味ノミ、花ヲ造ルコトヲシリ、合セテ花ヲ見ルノ人ト、其楽ミノ厚薄如何」（一九一一（明治四十四）年八月二十一日⑫四〇三頁）とも説く。しかしながら、「宗教をそしるは仁にあらず……よき事を好むものは何事によらず賞すべし。況んや、人生をよき方に導く事に奔走尽力せる宗教家ハ尤も敬って可なり。信じて可なり。然るに自分何等人生を導く事業を為さずして、只々他の人々のよき事ニ導くを誹り、笑へ、賤むものあり。之等の間違ハ其心ハ何よりするも其結果ハ不仁となり申すべく候……予ハ耶蘇教ニあらず。然れどもよの中の人々の中に耶蘇教をあしざまに喋々するを憎むなり。予ハ云ハんとす。汝らの品行犬の如くして耶蘇の天使を誹る。之れ恰も犬にして馬乗の君子を哮る如し。馬の人の風采の見なれぬを驚き哮るのみと叱責す」（一九〇〇（明治三十三）年十一月三日⑮一八六頁）。相手は誰であろうか。社会問題や労働問題がいよいよ顕在化し、様々の組織や活動が活発になっていた。それにつれての事件もまた多くの人々の耳目を集めていた。田中はその渦中にあって様々な出来事に出会い、様々な体験を積んでいた。内村とて例外ではなかったはずである。その過程で、宗教家相互の不協和、抗争もいや増した。これに対する田中の感想は、「宗教伝道を主として政治を後ニせバよろしかるべきに、政治を旨として宗教を以て之を助けるの論なるを以て直ニ衝突のよふニなりました。其時生ハ驚いたのです。……同志打ちとハ此事ニて可有之候、殺戮戦争も亦多くハ此同志打ち、複雑せる広き多方面を以てせる此社会の事ハ、一事一端を以て衝突もしくハ撞着なりと一時一概ニ中せぬ事と存じます」（一九〇八（明治四十一）年五月二十一日、逸見斧吉宛封書⑰No.2735）と。事実、宗教家同志、あるいは主義者相互に、政治か宗教か、個人か社会かその後先はといった論議が沸騰していたのである。それに対する田中の感想であるが、あれか、これかと二者択一的にしか捕らえられない、いわゆる知識人に対する苛立と不満とが見えてくる。一九一三（大正二）年二月の事であるが、島田熊吉、宗三親子宛て封書には次の様に書かれている。「……見よ、神ハ谷中ニあり、聖書ハ谷中人民の身ニあり。苦痛中ニ得たる智徳、谷中残留人の身の価ハ聖書の価と同じ意味で、聖書の文章上の研究よりハ見るべし。学ぶべきハ、実物研究として先ヅ残留人と谷中破滅との関係より一身の研究を為すべし。徒らニ反古紙を読むなかれ。死したる本、死したる書冊を見るなかれ。（聖書ニくらべて谷中を読むべき也）。……」（⑲No.4498）

16　⑫五八九頁続く文言は次の如し
「人生尚面の如し、同じからざるを同じからずと云ハざるべし。同じきものニして必ずしも相同じからざれバなり。予ハ此同じからざるを尊べり」。田中七十一歳、晩年の心境である。

17　内村によれば、従順という婦徳（亜細亜的従順と呼んでいるが）は、アジアに於いて最も発達している善良で、かつ誇り得るものである。（東京独立雑誌三一号一八九九（明治三十二）年五月十五日[7]　八十八頁）。婦人が演説するなどというのは、「神が後足で立つ様なもの」であって、「妻というものは夫に適当に劣っていなくては不可」（「カーライルの婦人観」東京独立雑誌二九号一八九九（明治三十二）年四月二十五日[7]　一九頁）であり、「進んでは、良人の志望を扶け、退いては貞婦の節を全うせんと欲する日本女子」を創ることが、「余輩の女子教育」（東京独立雑誌）の目的という。（[7]　二〇四頁）〈婦人を遇する途〉は、「其高貴なる惰性を動かすに在りて、其賤劣なる虚栄心《バニチー》に訴ふるに非らず」（東京独立雑誌三四号一八九九（明治三十二）年六月十五日[7]　一一二五頁）である。だから「生意気の婦人丈けは真平御免、ミルトン、パウロ、ペテロの理想的婦人は宣教師学校製造の生意気婦人とは思はれず」（東京独立雑誌三一号五月十五日[7]　八八頁）なのである。このような観点に立つ時、同志社と横浜の共立学園で学んだ浅野タケとの初婚の失敗と挫折も納得出来る。内村の母の反対とか、姑と嫁の不和とか、タケの不貞行為を想像するむきもあるが、問題はむしろ内村自身に還元出来るのではないか。武田友寿が「青春のあらし」と題して、浅野タケとの関係をメロドラマ風に描けば描く程、悲劇が一種の喜劇に見えてくるのは、偏向であろうか（参照「正統と異端のあいだ―内村鑑三の劇的なる生涯」一九九一年教文館）。

浅野タケは安中教会で新島襄から洗礼を受けていたし、当時としては、いわばハイカラでインテリの女性であった。一八八四（明治十七）年二月に内村は婚約し、翌三月二十八日に結婚式を挙げた。しかし、十月頃にはタケは実家に戻り、別居。二人の関係があいまいのまま、内村は十一月二十四日横浜からアメリカへ旅立った。正式に離婚が成立したのは、帰国一年後の一八八九（明治二十二）年五月であった。タケは内村の留学中、長女ノブ子を生んだ（明治十八年四月）。彼女はタケの兄、浅田信男の下で養育されていたが、一九〇一（明治三十四）年五月二十日付で、その伯父の養女として入籍した。その折、内村が別れの言葉としての父訓を与えている。その中の、「第三、我儘を謹めよ、我儘は多くの婦人を滅せり、汝其亡す処となる勿れ。第四、汝の実父の理想的婦人は夫の車の後押しを為す車夫の妻なることを記憶せよ」、もまた内村の婦人観を如実に示す言葉として、また彼の人となりを理解する一助となし得るものである。

さらに、周知の「福田英子破門事件」もこの視点から見る時、十全に了解出来るのではないか。その根源的かつ潜在的理由がである。いえば、彼女は内村のいう生意気の典型的存在といってよいであろう。参照、福田英子「妾の半生涯」一九五八年岩波書店・林田静子「福田英子」一九五九年岩波書店

18　木下尚江は、極めて興味ある人物である。特に中野孝次「若き木下尚江」（一九七九年筑摩書房）、林尚男「平民社の人びと」（一九九〇年朝日新聞社）を参照されたい。

19　林茂西田長寿編「平民新聞論説集」（一九六一年岩波書店）一八〇頁傍点筆者

20　島田宗三「田中正造翁余録」上二九八頁以下一九七二年三一書房

第三章　内村の「政治ハクソダメ」をめぐって

田中正造は、一九一一（明治四十四）年十二月に入って間もなく、人伝てに内村の政治についての見解（というよりは、率直な感想というべきか）を耳にした。勿論、この内村の見識が何時、何処で、そして誰に向かって語られたのかは不明であるし、それはあるいは、軽い冗談か、茶飲み話だったかもしれない。しかしそれ故にこそ、内村の政治についての本音・本心の吐露と受けとることが出来るのではないか。またここで考慮され、留保されねばならないのは、内容の受け手と伝え手、つまり媒介者の理解、そしてそれを聞いた田中自身の受け取り方といった、コミュニケーション（媒介・伝達）の在り様である。しかしこれを判然とさせることは不可能であることは明白であろう。ただ、従ってわれわれは、この田中の文言の中に、これらの情況とそして理解がいわば、ない交ぜになっているということだけは確認しておく必要はあるだろう。伝聞は以下のようなものであった。

「或人又曰く、内村鑑三氏ハ曰く、政治ハクソダメの如シ、カキ廻せバカキ廻すほど醜気揚りて鼻向けのならぬなり、ソットして置くにしかず云々と」。これに対する田中の感想が次に続けられる、「予ハ思ふ、此言一応比諭面白きも、之レハ死たるクソダメなり、クソダメハ死者なり、政治ハ活物なり、政治ハクサクモカキ廻すこそよけれ云々。之を例んか、汲置きの水と流水との如し、汲置水ハ一合呑めバ一合減ず。流水ハ然らず、順て呑めバ随て湧くものなり。内村氏ノクソダメハ不動体なり。政治ハ動くなり。見よ、年々予算を以て無限の租税をクソト為してクソダメトス。上ハ有限のクソなるなり。無限と有限トニアッテモ政治ハクソダメニハアラザルナリ。政治ハクソノ海ト云ハバ可ナラン。之れに身を投ずるものハ、クソノ海ヲ行クニクソ船ニテ行カントスルモノナリト、呵々[註21]」（一九一一（明治四十四）年十二月三日）

　ここで展開されている内村の率直な見解に対する批判、そして汚ない政治に対する現実感覚、さらに政治に携わる者の主体性の認識、どちらが本物かはいうを俟たないであろう。周知の如く、田中は自からを「下野の百姓」と自己規定しつつ、村・町という小さな自治体から県そして国と、その対象範囲を拡大させながら、しかも人権と自治をかかげ、さまざまの政治活動に直接に、責任的に従事して来た。これは彼の誇りであり、プライドであった。その表現は卑俗ではあれ、これが田中が獲得した政治に対する生々しい体験的学習の成果であり、認識であった。それは机上の学びではなく、まさに紛れもない実践的知恵に他ならなかった。政治は動的であり、しかもそれを動かすものは、まさに人間であり、またその集団である。政治は、決して天然、自然ではなく、人間がそう意志するならば、「カキ廻」せるものであり、否、「カキ廻」さなければならないのである。

死に体としてのクソダメも、人間が主体的に参与（アンガージマンとはその意味である）する「カキ廻し」行為に依って、死物としての汚物も活物として変革を遂げ、醜気も次第に和らぎ、やがて無臭となり、下肥としての貴重な役目を荷なうものとなり得るではないか。

さらに目を凝らせば、かの鉱毒問題も決して自然現象ではないことが、明白に理解されるであろう。まさに自然の災害もまた人間の自然に対する不当な働らきかけによる「人為的災害」なのである。これは、紛れもない現実なのである。それなのにその事をも不分明にしているのは、まさしく政治という名の「リバイアサン」なのだ。だから「人為」としてなされたものは、まさしく「人為的行為」としての政治にこそ期待し、その解決を求めて行くのは当然ではないのか。これが田中のいい分であり、本意であるに違いない。

とはいえ、政治に対する田中の見識は決して甘いものではなかった。彼は語る、「……戦争ニハ日本が勝ちても、戦ニハ露ニかちても、日本の心驕慢となり、奢侈となり……誠実を忘れ、国の憲法を忘れ、政権は強盗の器械と心得て、全国中の官吏議員をはじめ盗賊を働きて、県国多大の借金を拵へてハ事業を起し、起してハ泥棒、泥棒が目的で国費県費を増加す。戦争以来ハ内地の財産、山でも川でも田畑でも盗む、奪ふ、其費用を出させる、之れを事業々々と名けて費用を取り立てる、人民困窮して田畑を売る、之を併呑す、之れが今日のありさま（19 No.4496）」。

ここで、我われが注目させられるのは、田中が政治に対してすでにそれが一つの制度・組織として認識していることである。「政権ハ強盗の器械」と語る時、一種のメカニズムを意識している、と捉えることが許されよう。更にここで多用される動詞の数々は（心得る、働らく、拵える、起す、増加す、盗む、奪う、出させる、取り立てる、併呑する）、人間の主動性を示す。そこに人間がかかわることによって動いている現実、これが政治に他ならないとの認識である。他の何かではなく、人間が、しかも明確に「泥棒の目的」で動いているのが政治である、というのが田中の政治に対する現状認識の表白なのである。「今日のありさま」に対する断定的判断に他ならない。政治家個々が、このような情況の中で、マッチ・ポンプの役割を荷い、いわば悪の拡大再生産に励んでいる構図を描いてみせているのである。

ここから、田中が要請することは、「日本より見る谷中、谷中より見る日本」という視点の確立である。人間にとって、どのような立場に立ち、どのような視点から事象を見るかは、その人の存在と在り様を決定づけるといえるだろう。従って、この事に対する態度決定は揺がせに出来ない重要なポイントであることは明白である。

醜気ぷんぷん鼻向けならぬ政治は、「ソットして置くに如かず」とする内村の突き放した態度は、いかにも観想的高踏的であり、無責任のそしりを免れることは到底出来ない。

21　註

⑫六一八頁以下傍点引用者札幌農学校出身の農学士　内村鑑三も、「下野の百姓」をもって任ずる

田中正造には、その農業の実際においては、その知識や鍛え方、年期などの点で敵うものではない。

第四章　キリスト教と社会主義

さて、われわれに課せられた問題は、政治に対する内村の見解、つまり政治が汚物の貯り場とか、汚辱を示す以外の何物でもないイメージとして現出するのは何故なのか、その発想の根源を探ることであろう。その原因と理由の究明である。勿論、それをすべてとはいわない迄も、単純に彼の性格とか気質、そしてその出自に帰着させるのは、余りにも安易すぎるであろう[註22]。表面上はともあれ、内村には内村なりの論理があり、理由が存在したはずである。従ってこの探求は、論理的かつ具体的、しかも実証的であることが要請される。なお求められるのは、明示的であることであろう。

そのためには、われわれはその根拠を求めて、原理的なるもの（そしてそれは明らかに、彼の信仰原理としての聖書理解ということになるであろう）と、それを彼に促がし、確信させるに到った歴史・情況的なるものとの二側面からの究明が必須のこととなる。

勿論、われわれはこの二つの側面が簡単に分別されるとは思わない。むしろ事実としてはこの分別が実際的認識にとって不可能といった方が誠実というものであろう。われわれにとって可能なことは、それでもなおこの事の弁別の認識を十分に深く意識するということ以外ではあり得ない。

いう迄もなく、内村はキリスト者であった。しかもその信仰は極めて正統的（伝統的）、ピューリタン的であった。しかも彼は、武士道なるものを、それにキリスト教を接木すべき土台として重要視し、決して放棄することはなかった。内村はまた、その倫理性に於て儒教的であるという素養からも全く自由であったとは思われない。また身分としての武士性からの脱却と解放の意識も甚だ希薄だったといってよいように思われる。従って、このような様々な意識の包含からすると思われる家父長制的な言動は、家族のみならず、周囲の人々との軋轢や不和や抗争、そして恐らく誤解をも生む要因となっていった事は、前にふれた通り否定すべくもない。そして、この事が内村自身をも遂には苦悩させるに到った、といえる。

(1)　内村の法概念

さて、近代的国家は、法治国家といわれる。つまり、それは「法の支配」による政治を意味する。明治という国家もまた、近代的と称する以上、旧来の士農工商という封建的身分差別を撤廃し、一つの法の下に規律されるという統一的な政治体制を目指したのは事実であろう。それが近代国家成立のための不可欠な要件である限り、この基本的な指標への作業と努力は避けられなかった。しかし、この過程での悲劇は、明治政府の指導者たちが一つの権威の創出を民意にではなく、他律的な天皇をかつぎ出すという擬似宗教の創成へと努力したことであった。国家としての日本の統一・支配原理としての天皇制イデオロギーの確立であった。一八八九（明治二十二）年の大日本帝国憲法は、天皇を神聖にして不可侵という現人神として押し立てて制定され、一八九〇（明治二十三）年の教育勅語の発布によって、その天皇を頂点とする倫理・道徳の一元化を意図するものであった。それが欽定され、下賜されたのである[註23]。

「法の支配」とは、いうまでもなく、その法が、国民の代表的機関によって作成されること、また、その法が人間の基本的人権と自由を保障する内容をもつことを前提とするものでなければならない。とすれば、日本の近代国家としての出発のそもそもが、これを裏切る行為から発進したことになる。

事態がこのような時に、内村の法律理論はどのようなものであったであろうか。これを如実に示す資料をわれわれは保持している。「キリスト教と法律問題（[17]一一九～一二四頁・傍点引用者）」〈研究〉一一九号一九一〇（明治四十三）年五月十日）と題する講演である。内村自身は次のように附記している。「柏木聖書研究会に出席する法科大学学生諸氏に語らんとして草せしものなり」。このグループは、第一高等学校々長、新渡戸稲造の読書会のメンバーで、前年の一九〇九（明治四十二）年十月に内村の聖書研究会に揃って入会し、「柏会」と名付けられたものの集団である[註24]。岩永裕吉、金井清、川西実三、黒崎幸吉、黒木三次、沢田廉三、膳桂之助、高木八尺、田島道治、塚本虎二、鶴見祐輔、前田多門、三谷隆正、森戸辰男、藤井武、矢内原忠雄、金沢常雄ら、後に多方面にわたって日本の指導的役割を荷った一群である。その講演内容を要約すれば次の様になる。

〝自分は法律には門外漢であって、これについて語る資格は実際にないのであるが、しかし法律は、人間にとって必要不可欠なものである以上、それと無関係に生きることは出来ない。日常生活、社会との交際、読書、歴史、哲学、宗教等の研究に於て、法律問題に接触しないようにと願っても、それは出来ない。未だかつて法律を究めたことはないが、だからといって、法律について少しも知らないとはいえないのである。極めて少しではあるが、その知っているわずかについて話してみよう。

第一、法律の神聖について。法律は、人に由って作られたものではない。天然の法則と同じく、すでに定まっているものである。それは宇宙万物を主宰する至聖者の聖旨なのである。それ故に、「法律の何たるかを知って、議会は実に教会と化し、議場は聖殿と化すのである」。この法律の神聖を知らないということが、あるいは「神聖の何たるかを解せざるなり。いわゆる政治運動なるものが行われ、ここに人の勢力を以て宇宙の法則を変へんとする褻瀆《せっとく》罪が犯されるのである。それ律法《おきて》は聖なり。誡命《いましめ》もまた聖にして正しく、かつ善なり（ローマ七章十二節）」とあるではないか。「法律は法文に現はれたる神の聖旨《みこころ》であり、法律は人と人との間に成立する天然の法則」である。

第二、法律の目的。それは、法律以外においてあるのであって、つまり、「法律なきの社会、法律を要せざる国家を造る」ということである。いわば、それは、イエス・キリストに対するバプテスマのヨハネの役割である。「法律は福音を世に紹介するために必要なのであって、其目的は廓《かく》清的であって、建徳的ではない。自己を荊棘《けいきょく》掃攘の謙遜の地位に置て、済世の大業を賛くる者である」。すなわち、準備的、先駆的なものであって、法律は宗教・光を受けてはじめて理解され、実行可能なものとなるのである。

第三、法律の美。福音は、公平、仁慈、平和を主張する。従って、法律はこれに準じて、「強暴を挫き、荏弱を授け、此世を化して強者が悪を行ふに難く、弱者が善を行ふに易き所をならしむべきである」。法律は「此世を化してキリストの国と為すことが出来る」のであって、「神の聖《みこ》意《ころ》をして人の法律となすことが出来る」故にこそ、法律の美が在する。「法律は誠に大いなる慈善事業」であり、世の進歩の最大の原因は、この「愛人の精神に励まされし法律」によるのであり、獣類との決斗とか、奴隷制度、公娼制度などの非人類的常習が除去されたのも、この仁愛的法律の故にである。

第四、モーゼの十戒。旧約聖書の申命記にあるモーゼ律は、「法律の中、最も古き者の一であって、同時に又完全に最も近き者である」。それは又、「人道の本義に基き、仁愛の真理に拠て立る者である」、裁判官（申命記同1：16、17）、父と子（同24：16）鳥類保護（同22：6、7）新婚者への配慮（同24：5）、家畜の権利（同25：4）など人道的律法の淵源である。

第五、最大問題。未解決の最大問題は、国際的戦争廃止の問題である。個人間、国内の戦争を廃するに到っているが、未だ国家間の戦争の廃止が残っており、法律によってこれを成就してはじめて、法律の最大目的を達したことになるのである。「法律最後の勝利は戦争廃止に於てある」。諸君はこの大事業の為に、相応の努力を貢献し、「平和の君なる主イエス・キリストの聖旨《みこころ》を此世に実現せんとする壮図に出でられんことを望む」。〃

明白な事は、内村にとって、法律が天与の神意の表現であり、それが故に神聖なものである。天然・宇宙の法則と同様に既定の事実なのであって、その最も美わしい表現が、モーゼの十誡である。しかもそれは、キリストの福音に先立つ予備的なものではあっても、「キリスト教の根底・福音の本源」をなし、「キリストの福音の基礎」を成すものである。（「モーゼの十誡」〈研究〉二三一～二三四号一九一九（大正八年十月十～一九二〇（大正九）年一月十日（㉕・四一頁以下））彼の理解を更に続ければ、「道徳も亦神より出づる者であり、神を認めて初めて人の道徳がある。……宗教なくして道徳あるなし、道徳なくして法律あるなし、神の観念は道徳と法律との基礎である。真の神を認めずして個人も社会も国家も存立する能はずと、之れモーゼの十誡の精神である。然るに近代の法制は民主主義を主張して神を顧みない。二者果して何れが真である乎（同上、一四七頁）」という問いともなるのである。

明らかに、近代の法制への無理解と疑惑、そして民主主義（当時の民主主義の理解と主張に疑問がある事は事実としても）への挑戦的言辞をも見出して驚かざるを得ないであろう。内村の時代的制約という事を顧慮してもである[註25]。

今更、いう迄もなく、われわれは共同の生活をおくる上で、様々の習俗、慣習、宗教、道徳、法といった社会的規範の中で生きている。しかしこれらとても決して絶対必然の法則ではなく、人間の意識の移り行き、社会の成り行き如何と共に変化し、様々な生成と消滅を繰り返しつつ、未分化状態から分化し、さらに独立するものである。永遠不変の自然法則とは、完全に異なる相対的なものである。しかし、それが相対的なものであれ、社会における人間の共同の、そして共通感覚を大前提とするという点では、普遍的諒解が成立している、と考えて誤まりはなかろう。あくまでも、民意の反映ということが前提される、ということでなければならない[註26]。

また、内村は十戒中の「殺すな」に関して、当時の労働問題、そして更に鉱毒事件を例として取上げ、「資本家又は工業主にして幸無き男女工の生命を奪い」、「一人の資本家が自家懐を肥さんと欲して数万の民を殺し」たのは「明白なる殺人罪ではない乎」と糾弾しつつ、「誰か知らん最終審判の日主の前に引かれて此重き罪に問はるるもの今日の立派なる紳士ならざらん事を（同上、三二一頁・傍点引用者）」、と終末の最後の審判に委ねて終っている。ここでもまた人間の無為性が突出する、といわなければならない。いう迄もなく、労働問題も鉱毒問題も、経済政治制度の根本に横たわる、すぐれて「社会問題」なのであり、単に個人の資質や道徳問題に帰着し得る、あるいは解決を図られるべき単純な問題でないことが明白であったにもかかわらずである。

しかも彼によれば、「神が為し給ふまで自己を委ねる者、此世に在りては本当の意味で無産階級、常に割の悪い地位に居る者……が全地を神より給はる。……故に本当のキリスト者は財産争ひをしない。又殊更に社会主義を唱へて貴族や富豪に富の分配を迫らない。信者は静に神が全世界を彼に賜ふ其時を待つのである（㉗一三七頁）」。

内村にとっての社会主義は、明らかに「富の分配」に限定されていることに気付かされる。しかもその実現は、只神にのみ委託し、ひたすらに神の時の到来を静かに待望することのみによって叶えられるのである。しかもその上に、世にいう幸福は、反って不幸なのであり、世にいう不幸こそが幸福である（㉕一七四頁以下）、といわれれば、そこでの価値の転換は、いやが上にも、地上での不幸、災いが祝福され、賛美されるものという転化、幻想、擬制が可能とされる。これをこそ、彼は「革命的」と呼び、「神の国の福音」と称したのである。そこでわれわれがさらに問うべき課題は、内村のこのような思想、敢えていえばそれは彼の信仰に由来するわけであるから、その信仰理解の根拠、つまり聖書的典拠の明確化の必要ということになるであろう。

(2)「二つの世界観（現世と来世）」
ルター的二王国論 Zwei-Reich-Lehre 註27

これはいう迄もなく、霊魂（精神）と肉体との二元性に相即する。未来と現在、宗教と政治、内と外、現世と来世等々、常に対観念となって登場する。その代表的な典拠は、「わが国籍は天に在り」（ピリピ3：20）である。

内村は、さかのぼって一八九二（明治二十五）年「未来観念の現世に於いて事業に及ぼす勢力（①三〇〇以下頁）」と題して、大要次の様に述べている。（「基督教新聞」四七五、四七六号九月二日、九日）

〝余輩は未来に来らんとする報果の為めに現世に於て善業に従事するのではない。……「死後の快楽の為に今世に於て労するものは、老後の快楽を得んが為に其子を教育する父母と均しく、利己的世界的現金的の精神として」キリスト教の精神ではない。しかし、「未来の観念は今世に処するに於て不必要なりと認めるならば、若し人世は未来の観念を要せずして救い得べきものなりと信ずる人あらば、真理の為め、キリスト教の為に、人類一般の進歩の為に徹頭徹尾反対せざるを得」ない。

キリスト教が未来を説くのは、「果報的にあらずして慰籍的なり」、キリスト教は人に向て「汝悪を避け善を為すべし。然らば未来の幸福あらん」とはいわず、「汝は幻の如き今世を以て終るべきが如き価値なきものにあらざれば、宜しく永遠の生を有するものの為すべき言行を遂げよ」というのである。「現世的賞与は、旧約の精神にして、新約は現世に於て其信徒に約するに艱難貧苦返害を以てせり、旧約教は現世的宗教なりしも、新約教は其信徒の理想を現世以外に索出せり、……人はその現世に於て為せし事業に従い裁判すべきものにあらざることは、キリスト教の教義と信ずるなり」。

「宗教の目的を以て重に現世に存するものなりといふは宗教の宗教たる価値を取去るものにして、其人生を高尚ならしめ、其足を慰め足を励まし、足を普通人間以上の人間たらしめんとするに当って功何処に存するかを知る能はざるなり」。

「救霊上、善行に価値を置かずして善行を励ますに最も力ありしものはキリスト教なり、比較上現世は殆んど顧みるに足らざるものと見做して、現世を救い進歩せしめるに於て最も功ありしものはキリスト教なり」。約言すれば、未来観念は、第一に現世の真実の価値を知らしめ、現世は永遠なる未来に入るための習練所、教育所として無上の価値を与えられるが、永住の家ではないことが明確化される。第二に、心に平和あらしめ、事業に安心して専念せしめる、第三、パウロが「望に由て救はれたり」という如く、未来に対する希望こそが、生命の特徴となる。

だから、キリスト信徒の特徴は、「永生の翼望（3二六五頁）」（「福音信報」七二号一八九六（明治二十九）年十一月十三日）を持つことであり、「人の生涯は今日にありて将来にあらず、未来に着念して現世を怠る人は縦令未来あるにせよ、未来を維承すべき人にあらず。……後世の娯楽に与からんと欲するものは即ち後生を失ふものなり、先づ捐つるにあらざれば得べからず」と警告することを忘れてはいない。何故なら、「未来を知るの要は吾人の勇行を励ますにあり吾人の思惟を高むるにあり、吾人の濾告を慰むるにあ」るからであると附加する。

ここで明白にされていることは、キリスト教が未来観念をいだき、永世の希望を表明するのは、決して因果応報的な果実を期待して現世に善行を積むのではないし、此世の生も決して夢・幻の様に霧消すものではない。たとえ此世が悪に満ちていようが、そこでの教育と訓練によって、人間は未来を継承すべきものとして進展を遂げ、錬磨されるのである。それ故にわれわれは、「安心立命てふ涅槃的安慰を得て、宗教の目的を達せりと思ふべからず、我に無限の歓喜ありて、我が心は希望と感謝とに満ちて、死は生命に入るの門と化して、我は始めて宗教を其真意に於て味ひし者といふを得るなり。宗教を麻睡薬の一種と見做す日本人の如きは此一事を深く注目するを要す（⑦一五九頁）」（「宗教の目的」独立雑誌三〇号一八九九（明治三十二）年五月五日）と警告を発することを忘れてはいない。しかも注目を要するのは、安心立命を否定し、此の世に於ける生を永生への自己訓練の場として、それなりの価値を与えていることである。勿論、われわれは此岸と彼岸、この世とあの世、生と死といった対語の中で、いわばその基底に流れている持続低音（basso ostinato）としての霊・肉二元論を聴き逃すことは出来ないのであるが、しかも宗教の要としてのこの二元論こそ、この世を否定し、無化し、その生を無価値化する元凶であることを知らねばならない。この視点に立つ時、肉は遂に霊を閉じ込める牢獄と化し、罪と汚辱とを齎らす権化と見做されることがその堕ち行く先なのである。禁欲主義、ニヒリズムの世界であろう。われわれがそこで聴くのは、ギリシヤの悲劇詩人ソフォクレスの「この世に生を享けないのが、すべてにまして、いちばんよいこと。生れたからには、来たところ、そこへ速かに赴くのが、次にいちばんよいことだ」(「コロナのオイディプス」)という歌に他なるまい。

(3) 社会主義（者）とのはざまで

われわれはすでに内村にとっての一九〇〇（明治三十三）年に注意する必要がある、と述べた。すなわちその年の六月に「破壊者[註28]」なる短文を発表し、建設に先立っての破壊の必要性（先づこぼつにあらざれば新社会を建設する事は出来ない」、その否定は老人根性であり、「破壊が怖ければ、精神的事業を全く禁止するが宜しい」とまで極限した彼が、十一月には「今や政治を去りて宗教に入るべきなり」(「宗教と政治」)と、宣言するに到ったことに留意を促したのであった。

内村にとって、理想団の結成、鉱毒事件への直接的関わりなど、その言動において社会に対する関心は深く、種々様々な人びととの接触と折衝が最も濃厚にかつ頻繁に、しかも重層的に行われた年月は、恐らく一九〇〇（明治三十三）年から翌一九〇一（明治三十四）年にかけてのように思われる。

この間の体験が、主観的にも客観的にも、以後における彼の言動に深甚なる影響を与えたように思われる。つまりそれは、結果的には社会と政治からの離脱という結末である。

これを裏書きするように、一九〇二（明治三十五）年初頭の「新年雑感（⑩六一頁）」において次のように述べる。「キリスト教は社会改良ではありません。……キリスト教は天国の道でありまして、私共が今から之を学びますのは天国に入った時の用意であり、私共は歓喜を此世以外に有たなくてはなりません。……此世に歓喜を有たふとする者は、今世来世両つながらに於て之を有することが出来ません」（「無教会」一一号一月五日）。

「わが社会改良法（⑩一三頁）」（〈研究〉一七号一月二十五日）は、人を改良して社会を改良し、しかも人は「キリストを通して」改良されるのである。だから「われらは福音そのものに注目して世の盛衰興亡に意を留むべからず（「福音の宣伝（⑩七二頁）」（〈研究〉一九号三月）、「福音は社会のためにあらずして、社会は福音のためなり。神は世を救はんがために福音を下し給ひしにあらずして、福音に顕はれたるかれの福音を実顕せんがために世を造り給ひしなり。福音は目的にして、社会は手段なり。社会改良を目的とする福音の宣伝はキリスト教の本旨にあらず」（「福音と社会（同上・傍点引用者）」（〈研究〉一九号三十五年三月）とまで断言する。

こうしてみると、一九〇二（明治三十五）年という年は、内村にとって「政治」への最終的な自己決定、そしてそれは明らかに「政治への訣別」という決断をなした、という点で、その思想、信条の上でターニング・ポイントとなったように思われる。

　内村が万朝報においても、政治を論じなくなったことを論難する書翰を寄せた在米の読者に、その勧告に従えない理由を次のように述べる。政治と関係することは、「雲雀に向て地に降りて家鴨と共に泥水に田螺、泥鰌を漁れと命」じるに均しい。「総ての動物は同じからず……亦総ての人は同じからず、昇天の希望を有する詩人と哲人とあれば、潜泥を愛する政治家あり。……彼が政治を愛するは泥亀が泥を愛するが如し、彼等は宜しく政治を語るべし、然れども雲雀と紅雀と鶯とは泥中に在て声を揚げ得る者に非ず。今の社会は職業分担の世なりと伝ふ。肥取りは下肥を汲むべし、詩人は詩を作るべし。……政治家は社会の肥取りなりとは余の曽々云ひし処彼等は自から進んで此臭事に当らんと欲す。吾人何ぞ喜んで此等の醜児に此臭事を任せざる。近頃人」あって衆議院の議員に立候補するように勧めたが、私は彼にこう答えた、「君、余を侮辱する何ぞ夫れ甚だしきや、余は馬賊にもあらず、亦高襟《はいから》にもあらず、然るに余に勧むるに日本帝国の衆議院たるを以てす、余不肖なりと雖も未だ日本国の政治家たるまでには堕落せず」と（「再び政治を排斥す」万朝報三十五年三月十一日（同上六五頁以下傍点引用者））。

　内村は空高く舞上っている雲雀、政治家は肥取り百姓、更には足らずに馬賊とまで賤しめ、このような「政治家たるまでには堕落せず」と、いい放つ。自らの天職を「聖書研究者」と規定し、その分に安んじる、と語るだけならまだしもである。しかも他の身分を賤しめ、差別を肯定し、現状維持を肯定する発言、醜児に臭事をとコトバ遊びまでして、政治と政治家を嫌悪し、排斥する。文字通りの中空からの物見高い見物をきめこんでいる様子である。

その雲雀とて永遠に飛翔し続け、地上などに下りる必要性など無いかのような幻想が、ここにはひそんではいないであろうか。まさに精神的貴族としての高踏性や観念的飛翔性、拱手傍観のポーズそのもののように見える。

更にその四日後、「政治家を賤む[註29]」なる論説を掲げ、彼は主張した。「政治家を賤しめよ、然らば政治を改むるを得ん。日本に於之政治に腐りし主なる原因は其余りに貴まるゝに在り、然れども政治は素々是れ左程に貴まるに非ず、之を殖産に比し、文学、宗教、哲学に比して政治は至て劣等なるものなり、政治を其適当の地位にまで引き下ぐるにあらざれば政治の改良は望むべからず」。政治家は一種の番頭なのであって、何時の間にか、「社会の転倒」が起り、主人の地位にまで成り上ってしまった。「番頭を尊んで主人を卑む。番頭に位階勲章を給して主人を奴隷視す。主人の衣と食とを奪て番頭を賑ふ、主人は其田を荒され其家を毀たるゝに番頭は波瑠室内に安臥す、政治家たる者の越権檀行此の如し、余輩が政治家を糞尿視し、蛇蝎視する亦故なしとせんや。故に今日の政治家たる者を賤しめよ、若し途上に彼に会すれば彼の影を避けよ、彼と食を共にする勿れ、彼と縁を結ぶ勿れ、……彼は耕さずして食ふ者、作らずして単に費す者なり、彼に只口あるのみ、脳なし亦た心なし……正義を愛する真正の日本男子よ、汝謹んで今日の政治家となる勿れ、汝、何を好んで政治家の群に入って汝の口と心とを欺かんとする。汝は政治家と成って国を救ふ能はず、汝は野にあって耕すべし、工場に在て働くべし、而して天然が暴風と地震と黴毒とを以て今の政治家なるものを悉く剿滅する時を待つべし、此時蓋し遠きにあらざるべし。政治家ならざる者が政治を主《つかさど》る時は到らん、吾等謹んで其時を待て可なり」。

政治と政治家とに対するあくなき蔑視、いうも汚らわしいものとして究極的な無視と排斥、政治からの完全な離脱の宣言である。「天然が暴風と地震と黴毒とを以て」と語る時、後年の一九一八（大正七）年を中心としたキリスト再臨運動へののめり込みと、それを「天罰」、「天譴」と見做した一九二三（大正十二）年九月一日の関東大震災に対するいわば先取り的表現と理解することが可能であろう。彼が「天然」と語る時、それは彼にとっては、神と同義であろうし、その神を待望しつつ、「政治家ならざる者が政治を主る」とは、どのような政治や政治家を夢想していることになるのであろうか。このような政治軽蔑から生れるものがあるとすれば、何であろうか。

内村のこのような政治と政治家への徹底した罵倒的言辞に、「若し政治家微《なか》りせば如何」と、問う者が現われたのは当然というべきであろう。これに対する彼の答えは、「天下は太平無事なるならむ、政治家なくして民と重税を課する者なく、重税を課する者なくして民に衣食足り、民に衣食足りて盗む者あるなく、殺す者あるなく、随って人は悉く其天然性に帰るを得て真個の楽園は吾人の中に臨まん」、「政治家微りせば」？　然り是れ人類の理想なり、吾等は皆な政治家のなき社会を作らんために日夜努力しつつある者なり、彼等有るが故に人生の此涙あり、此悲嘆あるなり。彼等微りせば国民の幸福之に優る者なからむ、逝けむ、政治家、逝て再び吾人の間に帰り来る勿れ。吾人は汝等を要せず、汝等は苦痛の源なり、汝等有るが故に此偽善あり。此堕落あるなり。罪悪は素と汝等の造りしものなり。陸軍と海軍とは汝等が発明せし者なり。国を護る為に其必要あるに非ず。汝等自身を衛らんために其必要あるなり。汝等の奪ひ去りし吾等の山林と田圃と公債証書とを悉く吾等に還附せよ、然らば吾等は心に充ち身に足りて永久の平和を謳歌するを得む」（「政治家微りせば（⑩・一一頁）」（政治家不要論）万朝報　明治三十五年三月二十四日）。

文字通りの政治家不要論であるが、実は裏返せばそれに代り得べき大政治家（クロムウエルの如き）待望論でもある。そしてそのような彼が出現する時、いわゆる政治家の野心、利慾を抑圧し、彼らをも良民として此世に存在せしめることも可能となるであろう、と期待してもいるのである。然し実際は、内村のこの期待は、無惨にも絶望にとって代られる。遂にその悲嘆は、只単なるシニカルな揶揄とからかいとに終始するに到る。「一個の動物園」（一名、政治家動物学（同上・一四頁以下））（万朝報三十五年四月十七、二十、二十二日）がそれである。内村が我執の人で毒舌家であり、「周囲に向って、不平罵倒の語を一生吐き続けた」という正宗白鳥[註30]の評が正当かどうかはともかく、余り品の良い文章ではない。要するに、上野動物園と日比谷公園の傍にあるもの（議事堂）とを比較しながら、政治家を笑い飛ばす文章である。勿論、われわれは「笑い」が有力な武器であることを知っているが、そこに隠湿な皮肉や嘲笑が見られても、明朗な風刺を見出すことは困難である。元来彼にユーモアを求めても無理というべきなのであろうか。

このような彼の主張は更に続く。「キリスト教は此世の事ではありません。キリスト教は或る意味から云へば此世とは何の関係もない者であり……キリスト教は此世が失せても存在する者であります。……

キリスト教は世の人を駆て天国に入れんとするもの、……聖別され……世より呼び出されし者、信者は世に存るも世に属ける者ではない。彼は世と全く関係を絶った者、……天国の市民となるの希望がなければキリスト教を信ぜざるに若くはありません。……キリスト教はパウロとかペテロとか云ふ現世とは全く関係を絶った人々に由て伝へられた宗教であります。……世と全く関係を絶った私共は始めて無慾の人なることが出来る。……此世を無視するにあらざれば私共は富貴を糞土視することは出来ません……此世を糞土視するに至って私共は始めて此世の誘惑なるものより全く免がることが出来るのであります……」（「時世の要求と基督教」⑩二二三頁以下）〈研究〉二二三号明治三十五年七月二十日）。

キリスト教は、此世との関係を絶ち、それを無視し、糞土のように穢いものと思いなすことに依って始めて成立する、というのが彼の主張となる。確かに、信者は此世に在るが、身があたかもそこにないかのように振舞って始めて、その存在理由がある、ということになろう。かくしてまた遂に、現身も幻想とならざるを得まい。

内村はいう、「政治は此世の事であって、キリスト教は天国の事である。天国の事を廃めて此世の事を身を投ず。是れ確かに堕落である。勿論キリスト信者が国の政治に干与せねばならぬ時もある」。それはどんな時か？　それは「政治の危険と困難とを怖れて容易に之に入らなくなった時である。即ち政治に伴ふ責任が非常に重くなって、其与ふる報酬が迚も其責任に酬ゆるに足らなくなった時である。即ち政治が怖れられ、嫌はれ、何人も之を避けんとするに至った時である……」。

然し彼の情況判断に依れば、「日本の今日は斯かる時ではない」し、むしろ「政治は今や何人も渇望する事業であ」り、「勿論物資主義一方の支那・朝鮮・日本に於ては政治は立身であって、宗教は隠退である」、そう見えるからこそ、「我等は断然宗教を択んで政治を斥くべきである」（「政治と宗教」同上⑩一三二頁以下）。内村の時代認識に基づく、またもや政治への訣別の辞である。それにしてもここで彼が政治に伴なう責任とその報酬を語るのは、それなりに関心を惹くものだけれども、現実政治から全く疎外され、その領域外におかれる所か、敵視されていると見做している自己自身のプライドをどうしてくれるのか、という「内なる声」が聞こえて来るように思われるのは、いかにも下司の勘ぐりというものだろうか。相手を徹底的に小馬鹿にし、笑いのめすことによる自己存在のアピールでもあろうか。彼もまたそれ程に利己主義であり、自己満足を要求したのであろうか。ともあれ、ここでわれわれに確認出来ることは、政治へのからかいから生れ出るものは、何一つないということであり、またその故の無責任さからのしっぺ返しも大きいということであろう。何れにせよ、犬の遠吠えは気持ちの良いものではない。

先にふれたように、田中正造が内村に向って「聖書を棄てよ」とせまったのも、この時点であった。

　更にわれわれの注目をひくのは、「社会主義」への（と思われる）発言と批判である。先述したように、内村にとっての「社会主義」は富の平均的分配といった程度のもののようである。従って彼のいい分では、「富なるものに対する慾念を絶つこと」が出来れば、「真正の社会主義は世に行はれるに至る」のであるが、「是れ難事なり、到底此世に於て行はるべきにあらず」というのである。しかもその題たるや「大望」（「万朝報」一月二十五日）にもかかわらずである。同時に発表された「聖書之研究」（一七号）では、「社会は煽動によって革まるものにあらず、煽動は塵を飛ばし、泥を揚ぐるにとどまる。煽動の効は汚濁の存在を示すにあり、その他にあらず、社会は愛心によって革まる。人の罪を赦し、これをわが身に担うによって潔まる。贖罪は社会改良の唯一の法なり。これによって、キリストわれを潔め給へり、われはこれによって社会を潔めん」（「煽動と救極（前出10一一三頁）」）。

　所で、ここでいわれている煽動とは何か具体的な事件を想定しているのであろうか。考えられるのは、前年の十二月十日に起った（というよりは、敢行された）田中正造による天皇直訴事件である。これも周知のように、田中を狂人扱いすることによって隠ぺいされてしまいはしたが、しかし足尾鉱毒事件が田中のこの捨身の行動によって世間にその汚濁の存在をより明瞭に知らしめる事となったことは確実である。

　内村にとって益々明らかになったのは、この世の現実の暗さと希望の無さであった。希望は、此の世ではなく、来世的にならざるを得なかった。彼は述べる。「余のキリスト教は第一に来世的である。余は現世に於て余の理想が実行されようとは思はない。余の希望は総て「天より降り来るべき……新しきエルサレム」に於て在る。余が此世に於て総ての詬罵凌辱を忍び……余に来らんとする栄光の王国が約束せられたからである。余はキリスト教は現世を救ふための絶大の勢力であることは信じておるが、然し余が之を信ずる主なる理由は、其は余が天国に入るの資格を与へてくれるからである。余は或る者の様に現世的キリスト教なるものを唱へて無私無慾を誇らない。来世の栄光に与えたとする希望は決して卑劣なる慾望ではない。是れは神が吾人より要求し給ふ慾望（若し之を慾望の名を附し得べくんば）であって、此欲望をいだき、之に依て生涯を送ることは恥辱ではなくて大いなる栄誉である。然りキリスト教は来世的である。Ⅱテモテ4・8」（「余の基督教」⑩二九九頁以下）」〈研究〉二十八号明治三十五年十一月二十五日）。

内村はこのように語りながらも、なお理想団の活動から離脱はせず、黒岩や幸徳らと共に講演活動を続行し、更に先述したように、この年の「聖書之研究」読者からのクリスマス寄贈品を携えて、十二月二十六日、二十七日の両日にわたって鉱毒被災地を田中正造の案内を得て巡回しているのである。なおわれわれはここで、この年の四月に出版された幸徳秋水の「廿世紀の怪物帝国主義」に一種の推せん文ともいうべき序文を書いたのが、内村であったことも忘れるべきではなかろう。後にふれるように、幸徳に秋水という号を与え、その思想的中核としての唯物論的世界観を注入した中江兆民が亡くなったのも、この年一九〇一（明治三十四）年十二月十三日であった。兆民のいわば「生前の遺稿」といわれる「一年有半」及び「続一年有半」は、幸徳の尽力によって刊行され、そしてまた後に出版される幸徳の「社会主義神髄」（一九〇三年）や大逆事件の獄中で執筆された「基督抹殺論」（一九一一年）に多大の影響を与えるものであった。

なお「彼等（日本人）は人は肉躰であると思ふて、霊魂であるとは信じない」という内村の文言は（「聖書を捨てよと云ふ忠告に対して」10九六頁以下）」〈研究〉一九号　明治三十五年三月二十日）、中江兆民の「続一年有半」に対する批評と取れないことはない。中江はいう、「故に躯殻は本体で有る、精神は之れが働き即ち作用である、躯殻が死すれば精魂は即時に滅ぶのである」と註31。これは勿論、生理学的唯物論に過ぎず、いわばタダモノ論ともいうべきものであろうが、内村はこの種の思考が蔓延し、それが信仰や宗教へ支障を来たすものと恐れ、反論を試みたと考えられる。

万朝報が、主戦論に転じ、それを契機にして、幸徳秋水、堺利彦、そして内村鑑三が朝報社に別れを告げたことは先に述べた。（一九〇三（明治三十六）年十月十二日）。翌年二月十日、政府は遂にロシアに対して宣戦を布告するに到る。

およそ同時代の山路愛山の次のような総括は一般的に首肯し得るものであろう。

「されど此時までの社会主義者は其態度寧ろ講壇的にして政党的に非ず。時勢の潮流と対抗して之れと奮闘するよりは寧ろ黄金世界を夢想して之を想望するに過ぎず。概して之を言へば世の所謂有志家、世の所謂政治家と提携し其援助を請ふの要請を有するものなりき。而も一旦日露の関係切迫して戦争論の人心を風靡するに至って社会主義者は此に始めて時代の思潮に向って最後照会を発し、国民の愛国心に対して挑戦し、日本の人心をして始めて社会主義者なるものが現社会の根底に向って斧を加へんとするものなるを知らしめたり[註32]」。

しかしわれわれは、この非戦論を中心とする知識人たちの結集と連帯の始まりが、同時に彼らの分裂・抗争の開始でもあったことを認めねばならないのである。その思想的根拠、原理原則そしてその実践上の方法、手段の相違が余りにも明白であったからである。

勿論、荒畑寒村が評するように、この時代の指導者に共通していたのは、「キリスト教または儒教にもとづく道徳的もしくは人道主義的な観念であって、救世救民の倫理観が労働者階級解放の社会主義理念と混同され、その間の矛盾には多く介意されていなかった[註33]」といういわば思想的雑色性であった。しかも「このような思想的雑色性は、平民社の運動が日露戦争の反対を直接の動機として、十分な経験、訓練、なかんずく理論的統一の準備なしに起されたことが、有力な原因であ」り、「それゆえ、平民社派の中心人物はドイツ流の社会民主主義説において一致したにとどまり、その思想上または性格上の傾向、キリスト教的な信仰や精神主義的な性情、あるいは反対の儒教的教養や唯物論的な立場など多種多様であって、未だ渾然とした統一ある社会主義の理論体系の下に結束していたのではない。だが、その雑多な傾向色彩の諸要素を一致団結させた道義的紐帯こそ、実に非戦論の主張と外力の圧迫に耐えて理想のために戦わんとする、ソリダリティーの同志的感情にほかならなかった（同上七一頁）」。荒畑寒村のこのような評論は、同時代の生き証人としての価値は甚だ大きいといわねばなるまい。感情は、所詮移ろうものである。彼らが一致していたと思っていた非戦においてさえ、その理論的根拠を異にしていたし、まして非暴力という観点からすると、彼らの相違は明白であった。このような事態の中で、統一した運動を求める事自体無理というものであったろう。

小島龍太郎（保証金）、加藤時次郎（創業費）両者の金銭上の援助と協力を得て、同郷の幸徳秋水と堺利彦を中心として平民新聞社が創設され、一九〇三（明治三十六）年十月週刊平民新聞が発刊された。此の間の仲介の労をとったのは、福田英子であった。彼女は堺の隣に住んでいたのである。石川三四郎、西川光次郎（内村鑑三の下にあって、東京独立雑誌の編集を助けていたが、その廃刊と同時に離れた）の二人が編集局に加わり、更に安部磯雄、木下尚江らが外部から助けることになったのである。彼らはその梁山泊を有楽町に構えたのであった。田中正造も何回かここを訪れ、演説したり、討論に加わったり、宿泊してもいるのである。

平民新聞は途中、発行禁止の処分をうけたが、日露戦争の終結と同時に、一九〇五（明治三十八）年十月解散の憂目を見るに到った。山路愛山は、前掲書においてこの廃刊事情と理由とを四つあげている。

第一は、経営上の見通しの甘さ、

第二、読者の多数は、青年学生であったこと、「青年は固より頼もしきもの……議論多きもの、感情の変遷急激なるもの、迫むこと鋭くして退くことも亦鋭きものになり……、一言にして云へば染み易くして亦さめ易きもの……其れ此の如き浮躁の性情を有するものに以て其維持者とす。是れ猶ほ浮雲の上に立つものノ如し」。

第三、「恋愛問題を鼓舞し、男女の恋愛、夫婦の契約に対して極めて自由なる主義を唱へたるのみならず、平民社は恰も此教現を実行せんとするものノ如く、独身の堺氏、独身の西川氏は妙齢花の如く美貌雪を欺かんとする松岡未亡人、延岡女史と等と共に一家に住し、而して許多の男女学生数は此に相食して其思想感情を交換す。諸君は信ずるが如く其信ずる所を行へり。……男女の問題に於ても己を責むるに寛にして人を責むるに急なるは世間の情慾なり、……一果然平民社の瓦解は松岡未亡人が事実に於て早く既に西川夫人たりしを発見し、延岡女史が新に堺氏と婚を約すると同時なりき、

第四、とはいえ、主たる理由は、社会主義理解の深化と共に、逆に相互の不一致を見出したこと。すなわち、堺、幸徳の二氏は、マルクスの「経済的宿命論、歴史的唯物論に感化され、木下、西川の両氏は、トルストイ流のキリスト教へと傾斜し、安部氏は「キリスト教の教育を受けたる紳士たるの故を以て全然唯物論に賛成する能はず。……数客同床に眠り、夢は東西南北に飛ぶ」という状況であった。「何ぞ久しく一個の旗幟を守りて共同の戦を戦ふを得んや」。残された道は、分裂以外ではなかった。

木下、石川、安部は「新紀元」を、西川、山口孤剣は「光」を発行することとなり、堺は「社会主義研究」なる雑誌に拠ったが、幸徳はアメリカに渡ることとなった。（一九〇五（明治三十

八）年十一月四日）

その一九〇五年十一月十日創刊された「新紀元」に、内村は祝辞を寄せ[註34]「社会主義者中、キリスト教を信ぜらる、安部、木下、石川の三君が、いまここに「新紀元」雑誌を発行せられ、静かに愛をもってこの主義の深所を吾人に教へられやうとしている。自分は社会主義者ではないといっても、このような紳士的な事業に対して深い同情を表している。自分は社会主義者が、日本においては暴徒の巣窟になってしまうのを恐れていたのだ……」、とその真情を吐露している。内村はここで自分は社会主義者ではない、と明言しつつ、なお社会主義の深所を学びたい、という欲求も述べていることは、注目していいのではないか。しかし社会主義者が、「暴徒の巣窟になってしまう」のではないか、という恐怖の方が本物だった、といわざるを得ない。

するとわれわれのここでの課題は、内村のこの恐れが、彼にとってもはや事実であると認定し、断定するに到った経緯と理由を問うということであろう。

内村は先の祝辞の前半で、「意志の自由」を尊重し、「吾人は静かなる理論を以て説服せられんことを欲」し、「罵声を以て圧抑せられんことを厭」うとも書いた。主義者が強圧的態度でのぞんだ、ということを意味するのであろうか。少なくとも内村にはそう取れる実態が存在したということではあろう。（後述）。

内村は度々、「キリスト教と社会主義[註35]」との関連を取り上げ論じている。彼に依れば、「世間には様々の誤謬をなす者がいる。国家主義者は、キリスト教を社会主義の一派であるかのように捕える。貴族・富豪の者は、その無学・貪慾によって何主義に限らず、自分たちの有する特別の権利を侵害しようとする者にも社会主義たる忌まはしき名を加えて之を排斥する」、かれらは又、キリスト教も社会主義も共和政治と同一視する。「彼らは外に頼る所がないので、唯一途に忠君愛国を楯にとり、これらの主義に対して目くら滅法に反対」するのである。

さらに、「重もに社会主義を抱く人々の中に在りまして、キリスト教は神の存在を唱へて一種の神権説を主張し、又社会の現状維持を唱へて革命の精神に乏しい者であるから、これは社会主義とは到底両立不能」という。またこの一派のある人々は、「社会主義の敵」であるとさえいう。しかし、その関係如何？　確かに、キリスト教と社会主義の二者は相似点がいくつかある。ルカ十八章にある「富める青年」の譬とか、使徒行伝二章四十四に描かれる原始キリスト教団の様子は、財産を共有し、協同一致して事に当っている点で、まさしくキリスト教の精神を活写しているし、旧約聖書の出エジプト記十六章の十八に符合する。キリスト教は、貧者の救済を最大の目的の一つとし、社会主義もまた貧困の絶滅を最大の目的とする点で、目的が一致しているのである。しかし、キリスト教は社会主義とはいえない。

そこには大いに異なる点が在るのである。その最も明らかな証拠は、「社会主義の中にキリスト教に対する強烈なる反対者がいる」ということである。マルクスは極端に唯物論者であり、ノルダウまたキリスト教的社会制度を嘲弄する者である。社会主義者の宗教観は、「至て緩慢なる者」であり、キリストとその十字架に賛辞を寄せない。「キリスト教は絶対的宗教であって、我れに依らざれば救いはない」といふに対して、「社会主義は宗教の異同を問はず、単へに社会組織の完備に重きをおいて、之を以て社会を済度せんとする者である」。

その相違点をあげれば、

第一に、キリスト教は天国への教えであり、社会主義は此世を改良するための主義である。「この点で、キリスト教は社会主義のみならず、帝国主義、共和主義、帝王主義等総て此世の経綸を目的として立てられる主義とは全く違ふ」のであり、「我国は此世の国に非ず」とキリストはいい、「我らの国は天に在り」とパウロは明言したのである。

「キリスト教は此世を改良するに到りますが、然し此世の改良が其存在の理由ではない。人を幽暗の権威より救出し、之を神の愛子の国に遷すことが、キリスト教が此世に臨みし理由」なのである。だから、「キリスト教に此世の所有に対しては一種の無頓着主義を取る者」であり、「結婚するもせざるが如く」とパウロはいったのである。

「キリスト教の立場」からすれば、いかなる主義も、いかなる「社会政策」でも、「みな瞬間的なものであって、我も人類も棲息する此地球も遠からず消え失せる」。だから「我らは此世の事に就いては左程に心配するに及ばないというのが大体の教義」である。

「故に使徒たちは其時代の奴隷に向っても肉体の自由を得よとは教へなかったし、持主に放免せよとも迫らなかった。只奴隷たるも、其持主たるも、只一時の事であるから、互い真義を尽し、相欺き、相騙る勿れと勧めた。キリスト教は愛隣主義だから、社会主義に組すべきとか、上帝を戴く者であるから帝王政治を奉ずべきといふのは、全くキリスト教の何たる乎を少しも知らないから起る言である。キリスト教は此世の主義ではない。こう云ふて、世人から隠遁主義とか仙人主義であると評されても、真正のキリスト教は少しも意に留めない。キリスト教は確かに世外主義であって、私共はキリスト教が消滅するまで之を以て一種の社会政策と見做す事は出来ない」。

第二、「必しも財産の共有、又は国有を唱えない。少数の富者又は貴族の専有すべきものではないし、貧者の分与さるべきものでもなく、国民共有すべきものでない。キリスト教は財産を以て人の所有であると認めない。万物は神のものである。（詩篇五十篇）神より委ねられるものは、神聖に使用して神の用に供すべきもの、聖化である。（ザカリア14：20、21）

第三、その働きの方法を異にし、「キリスト教にある一定の社会制度を定めて、人をしてこれを採用せんとしたことはない。キリスト教はただ神の何たると人の何たるとを説いて、其他は総て之を天然の成行きに任かします」。

だからキリスト教は次のように申します。

「帝国主義可なり。ただ公平なれ。慈悲深かれ。万人の権利を重んぜよ。もし然らざらんには神汝を滅し給はん」。

「社会主義甚だ可し。ただ敬虔なれ。貧者を弁護するの余り、富者に対して不実なる勿れ、非礼なる勿れ、粗暴なる勿れ、平和と謙遜とを旨として汝の正理と信ずる所をなせ」と。だからキリスト教は次のように申します。即ち、キリスト教は中より外に向って働くもの、社会主義その他すべての主義は外より中に向って働くもの、その行動の方法が異なる。

キリスト教の見る所では、「社会の不公平は皆人が神を棄て去りしより起りしもの、社会組織の不完全より来るものではない。之を癒す方法は、人を其父たる神に連れ還るにあって、之に社会的新組織を供するにない。故にキリスト教は制度とか組織とかいふものに至て重きをおかないもの」である。（以上大要）

われわれはこのような所見を通して、内村のキリスト教理解と社会主義理解をその根本に於て、しかも網羅的に語りつくされていることを了解するであろう。内村は「キリスト教と社会主義」再び（〈研究〉四八号一九〇四（明治三十七）年一月二十一日）論じているが、内容的に付加する事は何もなく、それはただその年一月五日に創刊された「直言」にのった幸徳の言説に対する直接的応答に過ぎない。幸徳の「予は直言す、予は儒教を好む、仏教は少しく嫌い也。飲むな、煙草を飲むな、借金はするなと云ふ人は極めて嫌い也」という直裁な言葉に対する、いささか、大人げのない恩着せがましいいい分である。「但し、社会主義者に斯くも嫌はるゝもキリスト信者が今日まで社会主義並びに幸徳氏に対し、尠からざる同情を表し来りしことは氏に於ても承認せらるゝ所であろふ（12三一頁）」と。

内村は、しかも前年「負けて勝ち、踏みつけられて立ち、殺されて活くるのがキリスト信者の生涯」と語り、「われらは天国の市民であって、この世に籍をを置くものではないから、この世の人に歓待せられよう筈はない、しかもわれらはこの世の最終の主人公であるから、われらは王公の態度をもって快くこの身を世の嘲弄ざんざに任すべきである（11四七頁）」（「王公の態度」〈研究〉三三号一九〇三（明治三十六）年二月十日）と、その確固たる信念を語った後、聖書之研究三六号では、「犬を慎めよ（11二一八頁）」と題するエッセイをのせている。あの「キリスト教と社会主義」という論説をのせた同じ号である。そこではピリピ三章二を引用しながら、「当代のいわゆる批評家なる者を慎めよ、声ありて実なき者を慎めよ、毀つのみにして建てえざる者を慎めよ、螫すのみにして癒しえざる者を慎めよ、なんじらかれらたるなかれ、なんじらかれらに聞くなかれ、その文に目を曝すなかれ、恐らくはかれらなんじらの霊魂を殺し、なんじらは餓ゆるのみにして飽くことの何たるを知らざる者とならん」、と社会主義に対する否定的言辞と主義者たちへの警戒をゆるがせにしてはならないと訓戒の呼びかけをしているのである。

内村はまた、「トルストイ伯の社会主義観（13二六七頁）」（新希望六七号一九〇五（明治三十八）年九月十日）なる文章を掲げ、トルストイの社会主義観に全面的に賛成している。「主義は主義なり、人格は人格なり」とし、この主義を奉ずる多くの高潔の士の存在に尊敬の念を抱く、という。社会主義に賛成しない理由は、それが脆弱、空想的、しかも誤謬多く、すでに欧州に於ては遺棄されつつあるからである。「社会主義は人間性情の最も賤しき部分の満足（即ち其の物質的な幸福）を以て目的とす。而して其の幸福は決して其の唱道する手段に依りて到達せらるべきに非ず。人間の真の幸福は精神的即ち道徳的にして其中に物質的幸福を包含す。而して此の高尚なる目的は、国民及び人間を組織せる一切の単位の宗教的即ち道徳的完成に依りてのみ到達せらる。宗教と云へば、予は人間一切に通ずる神の法則に対する合理的信仰を意味す。之を実際に現はすは、即ち総ての人を愛し、総ての人に対し、己れの欲する所を施すに在り。

此の法は社会主義及びその他の脆弱なる諸主義に比し、甚々有効ならざるが如きの観あるべしと雖も、予は之を以て唯一の真法と為す。……」。

ここでもまたあの精神の優位を説き、その高尚さを賛え、神の法則こそが唯一の真法として、しかもその唯一の解決策としての宗教（しかもそれはあくまでも個人的であり、一切の組織、制度を否定した）によって、まさしくなるようになるという主張が繰り返される。

この彼にとって、現世は、「手段としては偉大の価値」があるが、その目的に於ては、「塵挨の価値だにあるなし」、最良の学校、最善の練修場ではあっても、「永住の居家にあらず、静粛の休息所にあらず」、「現世に苦痛多きは吾人がこれに安堵せざらんが為」であり、「神は人類を愛する余り、吾人に多くの患苦を送りて、吾人をしてこの地に恋着しあたはざらしめ給う」。従って「天の希望をもって補うことあらざれば、この地の生涯は吾人の耐えうるところのものにあらず」（「現世の価値（[13]、九頁）」〈研究〉六一号一九〇五（明治三十八）年二月二十日）とされ、この思考はやがて「余のキリスト教（[14]六頁以下）」（新希望七一号一九〇六（明治三十九）年一月十五日）に結実する。曰く、「余のキリスト教は、主として来世を目的とする」。もちろんこれが現世と全く無関係というわけではない。自らが現世に在る者だからである。しかし「余の救済を現世に於て完了せんがために、キリストの福音を信じない。余の信仰の報賞は現世に於て獲らるべきものではない。余は余の望むすべての善き物を河の彼方に於て索むる者である。

余の国は、キリストの国（ヨハネ18：36）余の霊の募ふ国は不完全極まるこの世の国ではない（ピリピ3：20）。

然り、余のすべての善きものは墓の彼方に於て在る。……今待望の地位に立つ者である（ヤコブ5：7）。

故に、斯世に於ける余の生涯は何うでも可い。憎、誤解、貧、裸、余の永久の運命は斯世に於ける余の境遇に由て定められる者ではない。（ヨハネ十四章）余はこの世に在ては遠人《たびびと》である。暫時の滞留者である。余は一時天幕を此地に張る者である。永久の住家を築く者ではない。神が余を呼び給ふ時には直ちに天幕の綱を絶ち、之を畳んで彼の国へと急ぐ者である」。

信仰の報償とは一体何か、しかも現世が、「塵挨の価値だになし」と断定しながら、それが「最良の学校、最善の練修場」だという。何の為の学校であり、練修場だというのであろうか。現世が無価値だ、と否定しながら、そこでの生活、人生の在り様がどうして問題になるというのであろうか。しかもその報賞は此の世ではなく、彼の世、つまり墓の彼方に期待し得るものであるとするなら、律法主義、業績主義、因果応報的生き方と何処にその差異を見出すことが出来るだろうか。しかも彼は、「斯世に於ける余の生涯は何うでも可い」と語り、「余の永久の運命は斯世に於ける余の境遇に由て定められる者ではない」とも語るのである。

此世と彼の世の断絶を語るのはよい。しかし、非連続の連続ともいうべきことが語られる。つまり、この世に於ける学校、練修場での成績？　が、彼の世での生命を担保する、ということになるというのであろうか。

われわれはここに、内村の中の儒教的倫理観の残滓を見る。倫理・道徳の強調である。他者に対する判断の規準もまた、彼のこのような信仰観がその根底に於いて支えていた、ということにならざるを得ない。厳格主義である。

河の彼方、墓の彼方の彼岸を目指す人間は、結局に於て、現世では一時的滞留者たらざるを得ない。（自らの）天幕を自らのみで持ち歩く放浪と漂泊の旅人を自称することになる。自らの勝手な思い込みに過ぎないのだけれども。

とすると、彼は此の世に対する愛も責任も負い目も感じることはないだろうし、此の世はどうでもよい存在であるだろうし、成り行くがままに放っておいて、ただひたすらにしかも急いで天国を目指せばいいのである。

そういえば、内村の愛読書の一つは、ジョン・バンヤンの「天路歴程」であり、旧約の「ヨブ記」であった。しかもそのヨブは忍耐のシンボル的存在であり、その忍耐が神に依って嘉納されたのである。

註

22　この点で、精神分析はそれなりに貴重である。しかし、人の存在は複雑であり、なおかつ多面的であってみれば、唯一絶対の解釈法などは存在するはずがない。とはいえその出自、環境を無視することも出来ない。兄弟たちとの不和、結婚と離婚、弟子たちとの抗争、そして離反、特に破門というもののもつ異常さ、内村を巡る問題は多岐に渡る。そう考えると、土居健郎『信仰と「甘え」』（一九九〇年春秋社）も一つの参考にはなる。しかしこれもまた、土居自身の矢内原忠雄からの離反、プロテスタントからカトリックへの入信という歴史的推移を考慮に入れる必要があるだろう。何れにせよ、誰でも、純粋客観とか、客観的判別といった囚われなき全き自由などと、うぬぼれないことである。しかも本来、価値自由（Wert-freiheit）とは没価値とは異質のものだと認識する必要がある。

23　いわゆる内村の「不敬事件」を契機として展開された「教育と宗教の衝突」問題は、井上哲次郎らからするキリスト教への攻撃、すなわち、それが忠孝を軸とする国体と相容れないものとする非難に対する、キリスト教側からの反駁と陳弁そのものが天皇制への屈伏を物語らざるを得なかった、とする家永三郎の指摘は正しい。さらに彼は続けて若き日の木下尚江が「基督教は日本の国体と相容れざるものである。ただに日本の国体のみならず、万国至る所何れの国体とも相容れざるものである」（「懺悔」）と確信していたことに留意する、と同時に、「実は内村が内心においても天皇制を否定する意志をもっていなかった」ことを指摘している。（「近代日本思想史講座―歴史的概観、筑摩書房一九五九年、七九頁、一〇〇頁」)。われわれはこれに賛意を表さざるを得ない。内村が「余は貴族ではない。平民である。余は特別に陛下に寵遇せられんと欲する者ではない。ただ忠実なる一臣民としてその統治を受けんと欲する者である」(「平民と平信者」新希望七三号)、と書いたのは、一九〇六(明治三十九)年三月であった。⑭　五三頁

24　藤田若雄の次のような総括は、大変貴重で、重要である。「ともかく、角筈聖書研究会から東京教友会に改組し、柏会、白雨会が結成されてくる過程は、無教会主義がカリスマ内村と【内村に恭順な随従者の形成】への過程であり」、「柏会、白雨会の人々は、明治憲法・教育勅語体制のエリート＝護国の魂であった。彼らにとって日本国家は重要な価値をもっていた。同時に彼らは、ロマンチシズムの児(白樺派に代表される)であった。彼らの自我の追究(キリスト者にとっては回心の体験の中に問題がひそんでいたはずであり、それが国家・天皇観と重複する構造をもっている」(前掲(註10)藤田若雄編著(下)一一六頁、一一八頁傍点引用者)。内村が、そして無教会主義が持っていた問題の内部からする鋭利な指摘である。権威主義、支配と服従の構図、タテ社会の徹底、そこからする偶像創出は容易であろう。

25　中村勝己は、「内村鑑三は社会科学の素養をまったく欠いていた―日本における社会科学が利用に堪えるようになったのは大正末以降のことであって、内村の最晩年に当ることも考慮しておくべきであろう」という。(「内村鑑三と矢内原忠雄」一九八一年リブロポート一五六頁)
しかし、問題は社会科学のそれではなくて、内村の姿勢、視座の問題である、と思われる。つま

り、社会科学の内実というよりも、それを駆使し得るのかどうか、あるいは利用しようと意志するかどうかにかかっているように思われる。要は彼自身の問題関心の在り様と関係する事柄であろう。

26

論議を更に進める前に、われわれはここで聖書における律法＝法律について若干の考察をしておきたいと思う。

周知のように、われわれは（キリスト教的理解によれば）、旧約と新約との二つの聖書を持っている。いう迄もなく、それは旧い契約と新しい契約を意味する。これは預言者エレミヤの預言（エレミヤ31：31以下）、すなわち、ユダヤ教における律法主義による救いという旧契約が破棄され、それとは別に、イエスをキリスト（救い主）とする信仰による救いという新しい契約（新約）が成就した、とする信仰の表白である（Ⅱコリント3：13以下）。端的にいえば、それは律法から福音へという信仰に他ならない。

そこで重要なのは、「契約」（Berith）の概念である。これはあくまでも、神と人間（共同性を前提とする）との契約関係の成立であり、神と人間との相互的撰択と決断とによる受容の関係である。しかし相互性とはいえイニイシアティブは、その契約締結に当ってあく迄も、神にあるのであって、その関係は対等ではなく、神への絶対的信従を意味する。しかもこの神によって選ばれたのは、イスラエルという社会共同体であり、神との契約を中核とする宗教共同体でもあった。律法（Torah）は、この契約によって成立したイスラエルの生活共同体の具体化に他ならない。

つまり、契約が、共同体を前提としつつその時々に応じて具体化されたものがTorah（律法）なのである。

新約聖書においては、律法は［νόμος］と称され、時にそれはモーセ五書を、また時に旧約聖書全体を表象する。また「良心」（［ἡ συνείδησις］）は、「心にしるされている律法の要求」（［τὸ ἔργον τος νόμου γραπτὸν ἐν ταῖς καρδίαις］）（ロマ2：15、Ⅰコリント10：29etc）として律法と同一視される自然法的理解もまた散見されるのである。

とはいえ、「書く」（［γράφειν］）に由来する［ἡ γραφή］「書いてある言葉＝旧約聖書」（マルコ15：28）とか［αἱ γραφαί］（旧約聖書の言葉（複数）マルコ14：49）が重視されるが、口伝・承としての［ἡ παράδοσις］はそれが「昔の人の」（［τῶν πρεσβυτέρων］）であれ、「人間の」（［τῶν ἀνθρώπων］）それとして拒否されている。

いわば、イエスは新しいモーゼとして立ち現われ、モーゼに依って代表される律法を放棄し、しかもイエス自身それを成就するものとして到来したのだと宣言される。その代表例が、いわゆる「山上の説教」として集約されている箇所である。そこでは確実に、テーゼとしての旧約聖書＝律法に対して、「しかし、私はあなたがたに云う」と宣言するイエス自身が、完全にそのアンチ・テーゼとして吃立するのである。しかもイエスを信ずる集団は、真実の、しかも霊のイスラエルとして前提される。

内村はこの山上の説教を注解して、これは「天国の福音」であって、「新しい律法ではない」という。しかもそれは「至大至重の文字」であり、キリスト信者の大憲章（マグナカルタ）として、天国の市民の資格を問い、その義務を説くものと解する。「天国は、神が人に与へ給ふ幸福の全体である。其半面は心の状態であり、他の半面は境遇の実現である。天国は完成されたる霊魂と完成された宇宙より成る、故に天国は今既に在る者であって、又後に現はるべき者である。……信者は単に霊的に恵まるゝ者ではない。物的にも亦終には世界の持主となるのである」とも語る。（「山上の垂訓」キリスト伝研究―ガリラヤの道―〈研究〉二六九号～二九一号、一九二二（大正十一）年十二月～一九二四（大正十三）年十月[27]三一四頁以下）。内村のこの文章は大変分り難い。天国の市民の資格とか義務といい、人間的資質の有無が説かれるかと思えば、心の状態を半面として、別の半面としての境遇の実現（物的世界ということであろうか）とする全体としての天国が語られる。しかも霊的にも、物的にも恵まれて終には世界の持主となる、というのであるから、彼は精神主義から脱却したのであろうか。

勿論、われわれは今、新・旧を問わず聖書やユダヤ教やイエス時代史に対する新しい理解を成すべき地点に立っている。二十世紀最大の発見といわれる、いわゆる「死海文書」のそれは、その象徴的な出来事である。硬直した、しかも一元的ユダヤ教理解、パリサイ派、律法学者に代表されるそれのみを正統と認知し、ユダヤ教内の様々な活動や理解を無視する事はもはや許されなくなっているのである。

27　ルターの二王国論については、拙論「政治と宗教―そのルター的理念をめぐって―」（「自然、人間、社会」関東学院大学経済学部教養部編一九七三年）、「ニーチェにおけるキリスト教批判の核心」（流通経済大学二十周年記念論文集、一九八八年）を参照

28 同名の「破壊者」なる文章が一九〇一（明治三十四）年十月に発表されている。「真理は一種の破壊者なり。真理の破壊性を懼れて其の伝播に従事する難し。真理は能《よ》く毀《こぼ》ちて能く建る者なり。世に焼かざるの火を求むる者あるなし、然れども毀たざるの真理を需《もと》むる者の往々にしてあるを如何せん」[9]三七一頁

29 同上六七頁以下傍点引用者
これらはいう迄もなく「政治はクソダメ」とする内村の主張を裏書きするものであり、先述した田中が聞いた伝聞の信ぴょう性を保障する傍証たりうるであろう。

30 正宗白鳥「内村鑑三、我が生涯と文学」一九九四年講談社四三頁

31 中江兆民「続一年有半」（現代日本文学大系2筑摩書房一九七二年）一三五頁

32 「現時の社会問題及び社会主義者」三五三頁山路愛山、北村透谷集（現代日本文学大系六筑摩書房一九六九年）山路愛山

33 荒畑寒村「平民社時代」（中公文庫一九七七年）七〇頁

34 「新紀元の発刊を祝す」[13]四一三頁傍点引用者

35 「聖書之研究」三六号一九〇三（明治三十六）年三月十日[11]一九三頁以下傍点引用者

第五章　同時代人の内村批判

このような内村の言動と態度は、同時代人にどのように映ったのであろうか。彼の追従者、心酔者は多く存在していた。「聖書之研究」を中心とする集会が全国に散在していたし、内村もまたその集会に招かれての講演行脚に忙しくしていた。しかし問題は、批判的反応者の言動であろう。彼らもまた、内村を無視することは出来なかったのである。内村はそれ程の存在であった。

石川旭山は、内村と海老名弾正を比較しつつ、「内村が甚々戒律を重んずるは徂徠に似ず、むしろ宋の朱晦庵に近し」。神命を穢し罪悪多き人生も「厳重に戒律を守れ、是れ救を得るの第一義」とし、海老名が「門を山麓に築」くのに対し、内村は「堂を山頂に建」てるが如く、前者の教えは「入り易くして成り難く」、後者の道は、「入り難くして且つ成り難し」、しかも内村は海老名より若年にもかかわらず、「漸く世俗の避けんとするの傾向あり、而も日一日円満に趣くの状を見る、今や内村門を閉ぢて読書三昧に入る、さらに蓄愈々深きに従ひ、後輩を感化する亦大いならん」（「キリスト教界の二大人物」平民新聞八号一九〇四（明治三十七）年一月三日傍点引用者）と、皮肉をこめながらも好意的に捕えているが、先述したように内村の教えの中核、つまり戒律重視というわれわれにはそれが内村の儒教的倫理の残滓としての律法主義・道徳主義と受けとれるのであるが、確認している文章として注目したいのである。

内村が推奨した「新紀元」（一号）（一九〇五（明治三十八）年十一月十日）には次のコラムがのせられている。「（多くの宗教家）、飢えて乳を求むる小児に先ず汝が心霊を解脱せしめよと説く残忍、愚劣なる母ありや、而も号泣して食を求むる一点小児と異らざる貧者多き今の社会に於て唯だ汝が霊の平安を得よ。物質を求むるは下劣の極なり、と説くは多くの宗教家なり。而して是れ人道を説くの高師なり。愛を説くの先生なり」（傍点引用者）。

「（天国）、死して天国に行くも善ならざるに非ざるべし。然れども生きたる内に早く天国に入るは更に善ならずや。腐れたる己が肉体を此世に置き曝らして、独り霊のみ天国に達せんとするは果して宗教の極致なりや。吾人の肉体も是れ神より受けたる聖物の一なり。吾人若し此の世に於て、天国に行く事を得ば、宜しく此の肉体を抱いて行くべきなり」。

「（半面の真理）、唯物論といい唯心論といふ、固々一個の真理に非ず、唯だ一個の真理の半面を見たるのみ。人は一時に円球の全面を見る能はず。常に半面の議論を為す也。故に両者を合せて始めて大円の真理を得べし」。

「（実在の神）、吾人が要求するの神は、実在の神なり、我が力となりて直発する神なり。仮想の神に非ざるなり。未来の神に非ずして現在の神なり、昨日の神に非ずして今日の神なり。日曜日の神に非ずして、実に日々の神なり」。署名はないが、実に的を射た論議ではないか。

「光」(一九〇五(明治三十八)年十一月二十日)はその発刊に当って、「吾人の抱負」を「必ずしも文学、道徳、宗教を無用の長物視するにあらず、ただ其の附帯物たる貴族嗅味を無用有害なりとして、そを排斥するに力を余さざらんと欲す」(傍点引用者)と語って、第二号(十二月五日)の記者は、日本の宗教家(仏教、ヤソ教共に)が、「衣食の為にその労力の殆んど全部を(費やし)生活の心配に圧せられて、その天賦の才能を発展さる」ことが出来ない多くの「物質偏重者」の存在に涙する者が幾人いるのか、と糾弾し、「社会主義は目的にあらずして手段なり、社会を詩的、宗教的、美的社会たらしむるの第一歩は社会主義実行にあり」、と叫ぶ。三号に到って、山口義三(孤剣)は「醜女郎の生活状態(キリスト教界の名士を憐れむ)は」まさに、「インテレクチアル、プロスチチュートであり、権力階級に心霊をひさぎ良心を売れるに非ずや」(傍点引用者)と極論する。

一九〇六(明治三十六)年一月二十日、「光」の記者は、「社会主義と宗教」と題し、「温和なれ、礼儀正しくあれ」というのは、「何んにもせぬ人の悦楽」ではないかと語り、「臭いといふて便所の掃除を拒み、汚いといつては下水の掃除に手を引くの徒、彼らは早晩何にもせぬ人である。吾人彼らに耳を傾くるのいとまあらんや」(傍点引用者)、と三行半を下す。

続いて、八号(三月五日)に、山口孤剣は、「去勢道徳論」(キリスト教はアキラメ主義に了るべき乎)を掲げ、ニーチェにふれながら、パウロの言葉の数々(「上に在りて権をとれる者に従うべし」(ロマ13：1)とか「慧き者を辱めんが為に愚なるものを択び玉へり」(Iコリント1・

27）「我の愚なるは神の智慧なり、我の弱きは神の強きなり」）が、「アキラメ道徳を製造して余りありき、かくて柔弱は温良と称せられ、無気力は善良と尊ばれ、卑屈なる精神は謙遜と改名し、盲従は柔順の美徳として称せらる。人類が上帝にも降服せざる剛健なる智力と奔放なる感情は、キリスト教の鉄鎖に捕縛せられぬ。あゝ四福音書よりも、パウロの書翰に深き、強き、聖き信仰の基礎をおきたるキリスト教会は、後にカルビン、アウガスチンの原罪説、神恩論、予定論と相結んで、人はあくまで教会に従い、教会の教うる所に絶対的に信仰せざるべからずと説くに至りぬ、されば後に至て富者は上帝の佑助によりて財産を作れる事を信じ、窮民はその貧困と饑は上帝の支配にして如何ともすべからざるを悟り、如何なる虐待と圧制と迎害とにあふも、沈黙せる羊の如く富者を怨嗟せず、自己の地位に安んじ、自己の身分を喜び、日曜日のみに聖堂に会して貴賤貧富の別なく、祈祷し、賛美するを唯一の慰籍とし歓喜とし希望として、不完全なる現世には幸福を得られざれども、来るべき天国に上帝に愛撫せられんと、僅に失望を慰め、哀心を軽ふしたりき。吾人はキリスト教史を繙て人類の名誉と威厳の為、千言万句の恨なき能はざる也」（傍点引用者）、とまるで内村の論理の裏返しを見るような主張である。

孤剣の「催眠術的キリスト教」（弗箱乎、十字架乎）（光一九号一九〇六（明治三十九）年八月二十日）は、当時の代表的キリスト教の指導者たちをあげ論評し、「日本幾万の牧師中一人の労働者の親友ありや」と問う。「社会の寄生虫たる貴族を讃美し、謳歌し跪拝せる僧侶は何の顔あってか耶蘇キリストに対せんとする乎、言ふ莫れ、貴族はキリストを信じて過去の罪悪を改悔したりと、……如何なる兇暴も、圧制も残忍も酷虐も、キリストを信ずるに依りて純化されたりといふ乎、聖化されたりといふ乎。……キリスト教とは一回の催眠術に病痾を医せんとする者也。……去よ、催眠術的キリスト教！　亡びよ、阿片的キリスト教！……噫、泡沫の如き黄金を慕ふて心霊の呵責を聞かざる僧侶をして、春の野火の枯草を焼き払が如く煙となって消え失せしめよ……」。

　また、同じ号に「（教会は女郎屋乎）今の教会は婦人の虚栄心をみたす劇場也、高等結婚紹介所也、矯風よ、慈善よ、之れお客様をよぶ景物のみ」、「島田、内村は市民の敵也、内村先生は十三銭五厘の金の勘定の間違いの為め義憤の声をあげ、敢て正義を遂行して細君を離縁したる人、三下り半牧師、友人と絶交するも、妻と離縁するも総て金銭の勘定にシャクにさわってからのこと也」と、内村の個人的資質と行動への揶揄と嘲笑を事とする人身攻撃に終始するに到る。内村と彼らとの間に何らかの金銭上のトラブルがあった事は事実ではあろうが、彼らにその貸借関係のルーズさやいい加減さもあったことも恐らく否定出来ないことだろうと想像される。いつまでたっても志士や壮士気取りから脱却出来ず、エリートをかたり、自由奔放、我がまま勝手に振舞ったツケを、その腹いせとして内村に向けた部分も恐らくは無くはないだろう。

　然し、ここで明らかにされているのは、内村の理念、つまり、強烈な終末意識（かの再臨運動に典型的に現われた）に支えれれているとはいえ、現世拒否と否定の姿勢であろう。そして内村自身と彼を中心とする集団の中に存在していたエリート的英雄主義、そして家父長的支配・服従の関係、そして集団内外に対する倫理的・道徳的リゴリズムは、内村の行為重視の視点と共に忘却することの出来ない実態であったことをうかがい知ることが出来るのである。

第六章　社会主義（者）との訣別

上述のような外部からする批判に対した内村もまたヒステリックである。「キリスト教に似てしかし最も非なるものを、今日我が国において唱へられる社会主義となす。これ聖書にいわゆる「不法の隠れたる者」なり。これに敬虔なし、恭順なし、平和なし、これ単に不平と頑抗と破壊の精神なり、これ僕を主に、子を親に、弟を兄に、弟子を師に叛かせ、とくに叛逆の精神なり、服従を絶対的に拒絶せしむる悪魔の精神なり、余輩は永き忍耐の後にこの断言を発せざるをえざるいたりしを悲しむ。Ｉテサロニケ２：７」（「社会主義」〈研究〉八七号（⑮六一頁）一九〇七（明治四十）年五月十日）。忍耐の限度を越えてしまった彼らの言動への内村の断乎とした攻撃である。「余輩を隠遁者と見做す者あり。しからず、罪の世と交はらざるのみ」（「隠遁者に非ず」〈研究〉八五号（⑭四六六頁）明治四十年三月十日）と、割合いに軽くいなしていたのはつい一ヶ月程前のことであった。

更に内村を刺戟したのは、恐らく女性問題であった。社会主義者は、社会主義と婦人との関係を取り上げ、その主張の根本は、婦人（女性）の経済的自立ということであった。一九〇四（明治三十七）年三月十二日、神田教会で行われた社会主義婦人講演会[註36]（第三回）で、村井知至は、女性に優美や従順を勧めるのは、卑屈を強いるのと同義である、日本婦人に関する二つの迷想として、一は女子は必ず男子に嫁すべきとすること、二は女子は必ず男子に従うべきものとすること、と断じた。同日、「婦人の天職」と題した石川三四郎の講演は、天職――天命――性としながらも、今の世に於ては愛の為に活動し、子を産むの任は実現不能となっている。しかも世の宗教家は「貧者を諭して天命に安んぜよという、されど多くは誤まっている。人間の力で抵抗し得ぬものなら仕方ないが、人為的に出来た社会組織が悪いなら、それを破壊するのは決して悪いことではない。むしろ、それこそが天命であろう。此の悪社会を改革して万人の愛の自由を得せしめたいという目的で起ったのが、即ち社会主義である。……果して然らば特に愛の実現を以て天職とせらるる婦人諸君は、男子に先んじて此主義の実行に力を尽すべき」と結んだ。正論であろう。

確かに、先述したように、いわゆる主義者や青年の間に、自由恋愛の名の下に男女のルーズな関係を享楽したものがいたことは否定できないが、彼らが主張した自由恋愛は本来的には、当時甚だしかった政略結婚などに見られる虚偽と紊乱とに対し、強制を排し「愛の自由」、「愛による結合」の重要さの強調に他ならなかったであろう。（例えば、参照・石川三四郎「自由恋愛私見」）。安部磯雄がまた、妻君を高等下女と捕え、賢母良妻主義を施そうとする教育は、高等下女主義であり、「誤れる女子教育主義」（「新紀元」九号一九〇六（明治三十九）年七月十日）と見做したのも注目されよう。堺利彦も、結婚によって婦人にのみ、夫に仕えることを要求するのは誤まりであり、両性が仕え合うことこそ、人間の天職である。また、婦人が家を守るといわれるのは、門を守る犬の天職と同じか、と問う。それは男子の圧伏、奴隷の境遇でしかあるまい。日常生活の面倒なることを婦人に押しつけるのも男子の身勝手に他ならない。政治上、社会上の諸種の任務につかせず、婦人は高尚深遠の学芸に適せずとするのは、妊娠、分娩、育児などの生殖事業と生活事業とに婦人を限定しようとする男子の不当性を示す、とも語った（「婦人の天職」世界婦人一号一九〇七（明治四十）年一月一日）。

このような主義者達のいい分に対する内村の反応が、聖書之研究八七号一九〇七（明治四十）年五月十日に見られる。題して「最も貴むべき教会（⑮七四頁）」というカトリック教会に対する奇妙な礼賛である。「ローマ・カトリック教会……貴婦人的教会である。其聖マリヤ崇拝は能く其理想を顕はしている。カトリック教会は新教諸教会にいるような鉄面婦人は居らない。婦人らしき婦人を余輩は最も多くカトリック教会の中に見る。新教諸教会に最も欠けているものは婦人のモデスチー（謙卑）である。マリヤ崇拝を嘲ける新教諸教会は其婦徳に於ては遥かにローマカトリック教会の下に居る」。彼がマリヤ崇拝をどう理解し[註37]、どのように解釈していたか詳らかではない。しかし何れにせよ、聖書至上主義者といってよい内村が、マリヤ崇拝に関するその聖書的根拠を何処に見出していたのか、と問わずにはおれないのである。

(1) 福田英子破門事件

いまやわれわれは、回避出来ない問題に直面しているように思われる。

その一つはいわゆる「福田英子破門事件」なるものである。福田英子が内村の聖書研究集会に出席するに到ったのは、一九〇一（明治三十四）年頃、石川三四郎を介してと思われる。彼女が住んでいた角筈七三八番地の近くにその集会所（角筈一〇一番地）があったからでもあろう。内村に入門を許されたのは、恐らく、一九〇四（明治三十七）年であろう。その破門は一九〇七（明治四十）年三月十日であった、と推測される。もちろんその内実は、単に聖書研究会への出席を拒むものであった。志賀直哉が回想するように、「あなたは、もう来ないように」という短かいものであるが、断固拒否の姿勢は厳しかったようである。何故と問う暇さえ与えずに、内村は直ぐに踵を返した、といわれる。

何が原因か、福田英子の側に、そうされても仕方がない何か不都合でもあったのであろうか。福田英子は一九〇七（明治四十）年一月一日を以て、自ら創刊した「世界婦人」六号（三月十五日）に、「内村先生に上る書」をのせ、その理由の開陳と教示を要請し、キリスト教と社会主義との関係如何を問うたが、無視されてしまった。小野圭勝は「弱者陣頭に立てり」（内村鑑三氏とツラピスト）寄書き「世界婦人」七号四月一日）を寄せ、内村の言動を北海道の荒野に在るツラピスト修道院になぞらえ、現世を罪悪涜神の媒介とし、別天地に消極的遁世的、そして絶対個人主義キリスト教として、無為閑却の宗教人生をおくるものと論じ、「然るに今や氏は氏を師と仰ぎ兄と慕へる福田英子女史を、社会主義者の故を以て之を破門するの無情を敢てせり」、と非難を加えたのであった。彼がその理由とする「社会主義者の故」が、福田の理解か、また小野の受けとり方か、あるいは共通のそれかは不分明であるが、恐らくはこの推測は正しい、と思われる。

確かに、幸徳秋水が証言するように、福田はおてんば、おきゃん、刎《はね》ッ返り、飛上り、ガラガラの婦人であり、「三十年前、ザンギリ頭で眼鏡をかけ、無地の粗服をまとい、書物を手にして闊歩せる虚無党の少女[註38]」のようであったであろう。また彼女がいわゆる「大阪事件」の関係者であったことは周知のことであったろう。

内村にとっては、恐らく我慢のならない存在であったはずである。しかし少なくとも彼女は内村の聖書研究会には数年の歴史を刻みこんでいたことも確実である。従って、われわれはこの事件は、福田個人への処遇というよりは、彼女が世話をしている社会主義者の仲間達への内村の応答と対処と見るのが妥当のように思われる。彼に対する人身攻撃をも交えた社会主義（者）への反転攻撃の象徴行為、ありていにいえば、彼らに対する積年のウラミ・ツラミによる激高の果ての仕打ちと解釈するのは、内村を貶しめることになるであろうか。プライドの高い彼の権威を傷つけた者への腹癒せ的といっても良い。ともあれ、そこに陰しつさを見出せても、明朗さは存在しない、というべきであろう。

内村は、あくまでも聖書主義者であった。婚姻問題、特に「処女の処分！」（㉔二九頁）（Ⅰコリント7：25〜38）にしても、それは父が全責任を持つものであり、パウロも「今日の所謂女権拡張論者に与しなかったし、婦人の服装、態度にしても、Ⅰコリント十一章に依るべきであり」、「かの社会主義者の男女同権論又は西洋の一部に於て唱へらるる女権拡張論者の如きはパウロの教えに反するの甚々しき者である」。更に附言して曰く、「パウロの女性観は宣教師のそれとは全然違う。前者はむしろ日本人の女性観に近くある。米国宣教師の伝へしいわゆる「キリスト教的女性観」は最も非聖書的なる女性観である」（「婚姻問題」及び「信者の実際問題」（㊱五六二頁以下・傍点引用者）〈研究〉二二〇号一九一九（大正八）年一月十日号）。このように終生変ることがなかった女性観の持主としての内村にとって、福田英子は、どうあっても落着かない、とんでもない女性の典型であったであろう。然し、このような女性観の故にとすることは、エリートを任じる内村のメンツが許さなかった（あるいは許されなかった）のではないか。

(2)　斉藤宗次郎非戦論事件

第二は、「斉藤宗次郎非戦論事件」ともいうべきものである。これは内村の心酔者、花巻在住の斉藤宗次郎自身が第二次大戦後東京港キリスト教会で行われた東京聖書会の講演で明らかにしたものである。（その草稿が「花巻非戦論事件に於ける内村鑑三先生の教訓」として、一九五七年クリスチャンホーム社から刊行された）。以下、上の斉藤自身の著書と、山本泰次郎「内村鑑三とひとりの弟子——斉藤宗次郎あての書簡による——」（一九八一年教文館）によって、事件の経過のあらましを辿って見ることにしたい。

斉藤は、内村より十六歳若く、当時、小学校の教師であった。内村の「聖書之研究」誌を通じて十字架上のキリストに神の正義と愛の表徴を見た内村に心酔するようになり、そこに彼は絶対的真理、生命の源泉を見、彼もまたキリストの真髄を信じるに到った。さらに無教会主義と非戦論に不動の事業を見出したのである。斉藤もかの理想団に加盟し、日本の社会的改良に奔走することになった。様々な雑誌等で、社会主義についても学ぶ所があった。一九〇二（明治三十五）年六月、斉藤はそれを天職として励んでいた小学校教師を、彼の特別な教育（聖書に基づくキリスト教教育）の故に、二ヶ年間の休職を命じられるに到った。その休職期間中、尽忠報国の念に燃える彼は壮丁として再び徴兵検査を受けることを決意、しかも彼は検査官の前で、「非戦論」を堂々、と主張し、さらに納税の拒否（多量の軍費を陸海軍に供給する国税）を宣言しようと覚悟を決めたのである。いう迄もなくトルストイにならおうとしたのである。

一九〇三（明治三十六）年十二月六日、斉藤は内村に書簡をおくり、その決意と使命を伝えると共に、それが世人の同情と賛成を得、内外にこれにならう人が増えることを期待したのである。勿論、斉藤は当然「先生もそれを承認して下さるだろう」、と確信しての上であった。

しかし内村の返信は以下のようなものであった。

「拝啓、諸君益々御清寧拝賀奉候。陳ば小生義今年中に是非一度御地へ出張致し特と信仰上の御話し致したく存居候処、今日まで時を得ず残念に存居候処、今月は雑誌を終り候はゞ二三日別に要事無之候に付き、若し諸君に於て御差支無之候はゞ参上仕りても宜しく候に付き、茲に御都合伺い申上候、尤も雑誌校正は十六七日頃に終り申すべく候に付き其翌日直に出発仕るべく候、滞在は四十八時間より多くは出来不申候。

且又御参考まで申上置候。そは地方出張の定規に従ひ御地諸君に於て小生中等汽車賃丈け研究社へ御寄附願上候。尤も其余りに多きに達する時は当社に於ても一部分負担する定規に候。今日書面を以て御問合せの件は頗る重大成る事件に御座候間御面会の上、篤と小生意見申上ぐるまでは確定御控へ願上候

右至急御一報被下たく願上候　匆々

一九〇三（明三六）年十二月八日

内村鑑三

斉藤二荊様

外花巻諸兄姉」

斉藤の予期に反して、内村は「驚きと憂い」をあらわにし、「飛ぶが如く返信」の中では確定を控えることと、続いての十二月十三日付き、斉藤宛て書簡（㊱五六三頁・傍点引用者）では、「世

の中へは小生の御地行は秘密に願上候」としたため、十八日午前十一時赤羽発で、夜十二時半に花巻着と伝えたのである。

翌十九日、内村は斉藤を次のようにさとした。

一、兵役、納税の問題に就ては、真理と真理の応用を混同すべからず。応用は自己一人の事なれば決して他人に諂るべからず、強いるべからず。

一、我等は何処までも主の純潔なる精神に於て立たんため、勉めて「独立」又は「宣教師的基督教」云々を口にすべからざること。

一、地上何れの教会も模範とするに足らざること。

一、他の所謂宗派との争いを避くべきこと。

もし、初志貫徹して実行するならば、その結果は、

一、自身の不運

一、同志の迷惑は当然来るべきこと、之を断行して其友人と家族に迷惑を掛くるは実に愛の精神なきものなり。甚だしき無慈悲なり。故に若し之を人に問はず友に語らず、よく其関係の及ぶ所を察して予め之が備えをなし、行ふべきなり。而して責任を全く一人にて負うべし（傍点引用者）。昔ローマに行われし獣闘は、当時の基督信者一人一人の犠牲に依って其罪悪行為は終に廃止を見るに至れり、其態度を以てすべし。

一、次に考うべきことは古にも戦争あり、又さらに一層悪しき人身売買のことあり。然れども

キリストもパウロも一度も之を云為せしことなし。即ち其宣伝する真理を以てせば最捷逕に之を去り得るを知ればなり。今日に於てもまた然り。若し目に触るる所の悪習を「是れ悪事なれば」とて一々即時に廃止するとすれば、独り兵役納税のことのみならず、之に類する多くの問題は我等の前に羅列せり。遊郭の如きも其一なり。強いて取らんとして取られざるに非ず。されど一時的なると外面的なるとを免れざれば全く無益なり。真に衷心より罪を感じて廃娼する時を待つべし。徒らに外形より矯正せんとするは決してキリストの精神方法に非ず。聖書を以て少しづつにても之を霊的に清め行くべし。我等の方法は只聖書の精神を実行するにあるのみ。キリストの再臨に備え、神の審判を待つべきである。

以上が斉藤の軽そつ（斉藤自からの言葉）に対するいましめであり、教訓であったという。しかも午前の散歩の折、内村はまたたたみかけるように「今朝あのように語ったが、然し、若し良心の命令であるならば、やれ」と語った、といい、「この一言によって、先生が誰人の信仰意志をも圧迫せず、その自由を重んぜらるゝ純真さを深く心に銘し」た、というのであるから、幸福なるかな!?　である。これをしも素直に、謙虚に読めないわれわれの方に問題あり、というべきであろうか。

ここに示されている基本的考えは、内村が今迄述べて来たこととほとんど相違はないように思われる。そこに何らか変更があった、と思わせる何物もない、といってよいであろう。それとも内村のそれと異なる斉藤の独創になるものが、一つでもあるであろうか。

一体彼は何を怖れ、彼の言動を秘密裡に運ぼうとしたのであろうか、その意図は何であろうか。斉藤宗次郎は当初、内村の当惑にむしろ戸惑いを感じたとしても当然のように思われる。師と同じ非戦と平和主義を唱えて、逆に沈黙を強いられたような気分になったとしても、決して不思議ではない。納得する方がむしろ不自然であり、奇妙というべきであろう。心酔者に非陶酔性（Nüchtern）を求めても、所詮は無理というべきであろうか。それをしもカリスマ性と呼ぶなら、そのような神の賜物は否定さるべきはいうまでもない。「実行するなら、自分一人で、黙ってやれ」と最初からいう方が、誠実さは優っているだろう。「弟子は師に勝らず」としても、今や突出してしまった弟子の処遇に困惑し、彼を抑制し、沈黙させる、しかも秘密裡にである。こんな事が誰に許されるのであろうか。狡猾と欺瞞という以外のどんな言葉が用意出来るだろう。幸いなるかな!?　ここから教訓を引き出す人!?

荒畑寒村は、「開戦となった時、非戦論者は悲痛なる矛盾の重大問題に当面せざるを得なかった。徴兵を拒否して主義に殉ずべきか、節を屈して征旅に従うべきか、この一事である。」荒畑は当時、内村鑑三の雑誌「聖書之研究」にこの矛盾の疑問を訴えて解決を求めた寄稿を見た。そして内村がこれに答えて、もし問者が反戦の主義のために徴兵を拒絶したならば、他の誰かが代って兵に徴されるであろう。かくては自身が罪を犯さないために隣人をして罪を犯させるものであるから、むしろ忍んで徴兵に応ずべきであるとの意味を説いたのを読んで、その論理一片の冷やかな勧告に憤懣の情を禁じ得なかった（前掲書一一七頁）」、と当時の感想を残している。いう迄もなく、これは「戦時における非戦主義者の態度」（〈研究〉五一号、一九〇四（明治三十七）年4月二十一日）や「無抵抗主義の教訓」（〈研究〉五二号五月十九日）「非戦主義者の死（⑫一五〇・一六七・四四七頁）」（同上五七号、十月二十日）などを指している、と思われる。そこで内村が主張しているのは、われわれは国家経済に関することはその多くを知らないが故に、戦争の理由などについて発言することは出来ない。しかしとにかく戦争が道徳上に与える影響は実に甚だしいのである。平和主義者がなすべき義務と責任と目的は、平和の維持とそして戦争が始まってからは、その平和の恢復が一日も早からんことを祈るだけである。そのためにも相互の誤解を除去するために努力が必要である。もし非戦主義者が戦死するようなことがあれば、それは人類の悔改のためのキリストに代っての、キリストの代罰的死のアナロジーとなるというものであった。

そして内村が試みた実際的行動は、出征兵士の遺族訪問ということであった。

「トルストイの非戦論」を評価し、あく迄も人間の道徳心に訴え、個人の堕落の悔改による解放を唱える内村と、戦争の原因を「経済的競争」に求め、その廃止によってのみ解決するという社会主義者たちとは、その原則に於て、その座標軸の設定に於て、従ってそれに対する態度、その対処の仕方も異ならざるを得なかった。

彼らの間では戦争の起因の診断と救済の方法が全く異なったのである。「戦争来」、「兵士を送る」（平民新聞一四号一九〇四（明治三十七）年二月十四日）三月二十七日）によって、戦争否認と反対を叫び続け、同時に、兵士を送らざるを得ない無念の想いを吐露するものであった。名文である。「行け従軍の兵士、吾人今や諸君の行を止むるに由なし。諸君今や人を殺さんがために行く、然らざれば即ち人に殺されんがために行く。吾人は知る、これ実に諸君の希う所にあらざることを。……諸君の行くは諸君の罪にあらざるなり、英霊なる人生を強いて自動機械となせる現時の社会制度の罪なり。吾人、諸君を不幸にしてこの悪制度の下に生まるるを如何せん。行け、吾人今や諸君の行を止むるに由なし。

鳴呼従軍の兵士、諸君の田畝は荒れん、諸君の業務は廃せられん、諸君の老親は独り門に倚り、諸君の妻児は空しく飢に泣く。而して諸君の生還はもとより期すべからざるなり。しかも諸君は行かざるべからず。行け、行て……、一個の自動機械となって動け。然れども露国の兵士もまた人の子なり、人の夫なり、……諸君の同胞なる人類なり、これを思うて慎しんで彼等に対して残暴の行いあることなかれ。

鳴呼吾人今や諸君の行を止むるに由なし、吾人のなし得る所はただ諸君の子孫をして再びこの惨事に会するなからしめんがために、今の悪制度廃止に尽力せんのみ。……諸君もし死せば諸君の子孫とともになさん、諸君生還せば諸君とともになさん。」筆者は幸徳秋水である。

幸徳は、「廿世紀之怪物帝国主義」（一九〇一年）や「社会主義神髄」（一九〇三年）を上梓し、すでに、社会主義者としての自己を確立していたといえるだろう。幸徳の理解の不十分さや、弱点を指摘することは容易だろうし、特にわれわれは彼の儒教倫理につちかわれた志士仁人的エリート性は、極言すれば内村と共通のものとして、批判的たらざるを得ない。それがまた一種の玉砕主義をも結果した、と考えるからである。

平民新聞二四号（四月二十四日）の文壇演壇欄には、内村を主戦論者（井上哲次郎）と関連させ、かつては、非戦論の気焔を、非常に熱心にあげていたのに、開戦以後はむしろ文壇を退いて「非戦の声を潜め」てしまったのは、「甚々しき虚言」ではないか、と罵り、彼を「ひねくれ者」呼ばわりしている。内村と社会主義者たちの対立は、もはや決定的となった。内村が最も嫌悪し、怖れたのは、自身が社会主義者と混同されることであったに違いない。

かつてのいわゆる「不敬事件」は、いうならば内村の一瞬の逡巡が惹起した、といって良いであろう。国家権力は、これを捕えて内村を公的に葬り去ったのである。瞬間的なためらいが、自らを絶つものとして作用した。この経験は忘却することの出来ない傷痕（トラウマ）として残った、としても不思議ではない。

今、此の時点で取るべき彼の態度は、社会主義（者）への断固たる拒否と猶予のない処置と公的な宣言でなければならない。第二の「不敬事件」はどうしても回避しなければならない、いわば至上命令である。「福田英子破門」は最も効果的なものとして演じた内村流のパフォマンスではなかったであろうか。もはや論理ではなかった、嫌悪と恐怖の感情である。この事を端的に示すエピソードをあの斉藤宗次郎が紹介している[註39]（と、我われは解釈する）。時代は下るが一九一七（明治四十四）年六月十五日のこと、斉藤は筒袖の袷と羽織に短かい袴をはいていた。これを見た内村は「君の服装は社会主義者のようだね」といった。斉藤は勿論これを「実に深い意味のある温かい忠告」と感謝感激しているのであるが、斉藤が附加しているように、時はまさにかの「大逆事件」が終結して間もないことに特にわれわれは留意しなければならない。

松尾尊兊[註40]が、恐らく内務省警保局によってなされたと思われる「社会主義調一」を紹介している。以下は調書の内容である。

「豊多摩郡淀橋町大字角筈百一番地　士族

キリスト教々師　内村鑑三

文久二年二月生

―原籍　肩書地

―宗旨　耶蘇教

―性行　剛直

―経歴　明治十四年北海道庁農学校卒業。仝十九年北米合衆国紐育市神学校ニ入リ、仝廿六年帰朝後基督教布教ニ従事。仝三十四年四月聖書ノ研究ト称スル雑誌発刊。三十六年万朝報社ノ客員トナリタル（モ）、日露開戦ニ付仝社長ノ主戦論ト意見合ハス、仝三十七年一月退社。仝人ハ万朝社ニ在ルヤ黒岩周六、久津見蕨村、佐治実然、安部磯雄等ト共ニ理想団ヲ創立シテ社会改良ヲ企テ、又社会主義協会ニ出資シ居レリ。」

松尾によれば、この文書の作成時期は恐らく、「一九〇四年、すなわち日露戦争開始の年である」。いくつかの事実誤認を別にして、当時の官憲は、内村を社会主義者と断定していたことは確実である。松尾は内村が「基督教と社会主義」を書いたのは、自らがこの事実に気付いていた証拠と考える。従って、これらは当局に対する一種の弁明書と解すべきであろう。先に見たように、これ以外にも、社会主義に対する否定的拒絶的言辞がこの年月に集中し、しかも顕著であるのは否めないのである。

註

36　「週刊平民新聞」四五号一九〇四（明治三十七）年九月十八日）傍点引用者

37　ここで、カトリック教会が、信者（大衆）の要請に逆えずそのドグマとして、マリヤの「無原罪懐胎説」（Immaculate Conceptio）を採用したのは、一八五四年であり、その「聖母被昇天」（Assumptio Beatae Mariae Virginis）をドグマとして公布したのは、一九五〇年であったことを想起するのも、重要であろう。

38　幸徳の「婦人小観」は、いささか遊びが過ぎた文章のように見えるが、（例えば、「僕は恋を好む、結婚を好まず、仏国の諺に「永く恋せよ、決して婚ぜざれ」、彼の実像には近いと思われるが）、

福田の特徴のすぐれた把握ではあろう。（「世界婦人」二号一月十五日）

39　斉藤宗次郎「ある日の内村鑑三先生」一九六四年教文館八五頁

40　松尾尊兊「大正時代の先行者たち」一九九三年岩波〈同時代ライブラリー一四三〉一一頁

第七章　国家（政治的権力）への服従——ロマ書十三章の解釈——

いう迄もなく、彼は国家権力によってその生涯を曲げられてしまった経歴の持主である。その権力は、予想した以上に強大であり、絶対であった。彼にとってのこの挫折は、取り返しのきかないものであり、彼の心底深く沈んだ無念さと共に傷の深さは、癒し難いウズキであったであろう。国家という権威と権力が彼の将来を圧殺してしまったのである。戦いを止めた彼に、慰めとその理由の根拠を与えたのも聖書であった。彼のこの考えは終生変わる事はなかった。彼は書いている、「反抗又反抗、自覚といい解放といい改造と云ふ。皆な権威に対する反抗に外ならない。近代人は反抗せざれば偉大ならずと思ひ、偉人是れ反抗の人であると信ずる。然し乍ら反抗は決して偉大な事ではない。偉大なる事は服従である。威力に屈服するに非ずして、自から進んで正当な権威に服従して、人は始めて自己を発見し、人生の偉大と貴尊とを知るのである。悪魔何者ぞ、神の謀叛人であって反抗者である。キリスト誰人ぞ、神の僕であって模範的服従者である。ピリピ二章八、九、ニイチェの如く反抗して神に勝って神以上の者たらんと欲するのではない。神に服従して神の子となるのである。基督者《クリスチャン》は近代人と全然異なり、自覚と解放と改造とを服従に於て求めて、反抗に由て得んとしない。反抗は悪魔に対してのみ行ふべきである。ヤコブ四章七、神と神の定め給ひし権威に対しては、惟服従あるのみである」（「反抗と服従（26四八七頁）」〈研究〉二五二号、一九二一（大正十）年七月十日）。

服従のすすめであり、キリスト者はキリストにならう者として、「模範的服従者」たれとの勧奨である。しかもここでは、神とそして神によってたてられた権威は、同一視され一体化される。王権神授説といってもさしつかえなかろう。ここでもまた、ロマ十三章[註41]がその聖書的典拠として持ち出されるのである。

試みに彼の解釈内容を以下で見てみよう。

彼にとって、ロマ書十三章一節～七節[註42]は、「政府と国家に対する義務」と題され、十二章の最後の言葉、すなわち、「なんぢ悪に勝たるる勿れ、善をもて悪に勝つべし」を基調としている。「悪を以て悪に対して敵を屈服せしむるは、悪に負けたるのである。悪に堪ふるのみならず、進んで敵を愛するに至るが悪に勝ったのである。キリストの十字架は此勝利の極として著しきものである。……愛敵の心盛なる所、社会には平和漲り、国と国との間には争は起らないのである。

十二章末尾の此精神を以てすれば、十三章の対国家の道はたやすく了得し得られるのである。

先づ第一節に言ふ「上に在りて権を掌《も》てる者に凡て人々服《したが》ふべし。蓋《そは》神より出でざる権なく、凡そ有る所の権は神の立て給ふ所なれば也」と、これ此世の政治的権能に服従すべしとの勧めである。……基督者は神にのみ服従すべきであつて此世の権能に対しては毫も服従する要なしと主張する者をパウロは戒めるのである。故に一節に於ていふ「是故に権に初悖《さから》ふものは神の定に逆《そむ》くなり、逆く者は自ら其審判《さばき》を受くべし」と、……全世界にわたたれる神の統治を認め、制度尊重、秩序保続の健全なる精神をパウロは茲に鼓吹するのである。

次に三、四節を見よ、「有司《つかさびと》は善行《よきわざ》の畏《おそれ》に非ず、悪行の畏なり。汝権を畏れざることを欲《ねが》ふ乎、唯善を行へ、然らば彼より褒《ほまれ》を獲ん。彼は汝を益せん為の神の僕なり。若し悪を行《な》さば畏れよ、彼は徒らに刃を操らず、神の僕たれば、悪を行ふ者に怒をもて報ゆる者なり」とある。此世の権威に対する道は只善を為し悪を避けるだけの事である。……正しきを行ふ者に恐怖の襲ふ理由は寸毫《すこし》もない。……依て進んで五節に於ていふ「故に之に服《したが》へ、ただ怒りによりてのみ服はず良心によりて服ふべし」と。……

次の第七節は以上の原理の適用といふべき所である。「是故に汝等貢を納めよ。彼等は神の用人《つかひびと》にして常に此職を司れり。汝ら受くべき所の人には之を予《あたえ》よ、貢《みつぎ》を受くべき者には之に貢し、税を受くべき者には之に税し、畏るべき者には畏れ、敬《たふと》ぶべき者は之を敬べ」といふ。……

「独立国の民は税を納むれども貢は納めない。いかに重税を課せられても税だけである。然るに古代にあつては、属国の民は税を納むる外に、尚ほ貢なるものを納むる必要があつた。これ服従忠順を象徴する所のものであつた。さればロマ本国の民は税を納むるだけを以て足りたけれども、ユダヤ人は税と貢とを兼ね納めねばならなかつた。故にパウロが茲に貢の納入を勧めたのは、征服国の政府が被征服国の民に向つて課する暴圧にも服従せよとの意味である。……　之れに関連して二、三の重要なる問題が起るのである。まづ近代人はパウロの此教に抗議を提起していふ、これ古代専制治下に於ての戒めであつて現代の民本政治に於ては全然無用なるものではないかと。否然らず、いかなる時代の如何なる政治組織の下に於ても、一国の秩序を維持するための権能は必ずあるべきである。

……従って此戒めは如何なる時代に於ても廃《すた》るべきものではない。且またパウロの此国権服従論は、十二章の愛及び愛敵の教よりおのづから引き出されたものである。即ち如何なる人をも愛し、我敵をも愛するが基督者の道である以上は、良き国家に対しても悪き国家に対しても服従と愛とを以て対し、たとひ暴圧治下にありても尚ほ我を虐ぐる権能者に服ひ、且これを愛するの心を抱くべきであるといふのである。

……基督者とはその国籍を天に移せし者である。「我等の国籍は天に在り」（ピリピ３：20）とある通りである。故に此の世の事はどうあっても宜しいのである。何となれば是れ彼にとっては、人生第一義の問題ではないからである。故に強ひて此世の権能に反抗するほどの熱心が起らない。何れでもよい事である故むしろ服従を以て此世の権能に対するのである。今これを近時むづかしき問題となりつつある労働問題について考へて見よう。今や労働者は資本家の横暴残忍を攻撃し、資本家は労働者の怠慢無謀を攻撃してゐる。我等基督者は資本家が横暴なれば労働者に同情する。しかし又労働者があまりに無謀なれば資本家に同情する。基督者はあらゆる場合に於て正者の味方である。併しもし彼が資本家の一人であるならば、労働者の暴挙のために損害を受けても之をあまり問題としないのである。又労働者の一人であるならば、到底熱心に資本家攻撃に従ひて収入増加のため奮闘するの心を起し得ないのを当然とする。彼は既に財を天に貯へたものである以上、この世の財《たから》のことについては余り大いなる熱心を起し得ないのである。此世の事に重きを置かぬものは此世の事には無頓着である。そして斯く此世の利益問題に無頓着なる故、無益なる抗争、反抗、騒擾等に従ひ得ないのである。愚かなる怒や自己の小利害の故に此世に於て争を起すことなきが基督者の健全なる状態である。勿論神のため、又平和のため大なる運動を起し、またそれに携る場合がないとは云へない。けれどそれは稀のことである。平素は平和、服従、秩序、権能尊重の民たるものである。」（羅馬書の研究第五三講）

読む者に特に新奇をおぼえさせる何ものもここにはない。彼の基本的考えが総括されているとみてよい。

いつ、いかなる時代にあっても、われわれに課せられているのは、服従の一語につきる、というのである。しかし考えてみるに、この世は暫時で、移り行くのであり、しかもそこに絶対的であれ、相対的であれ価値など皆無とするなら、それに応答し（response）、何らかの責任（Responsibility）を負う必要が存在するだろうか。ただなるがままに、無為に過ごすことこそ利巧というものであろう。マキャヴェリがいうようにこの世への無関心、そして突き離した態度、それから何らかの政治的ヴィルトウ（Virtu）を予測し、期待する方が無理というものであろう。内村は、アメリカのキリスト教と比較しながら、自身のキリスト教と仏教とを並列させ「厭離穢土・欣求浄土」（仏教）汝等既にキリストと偕に甦りたれば天に在るものを求むべし……、地に在るものを念ふべからず（基督教）と書き同一視さえしている。〈研究㉑三七五頁〉一八一号一九一五（大正四）年八月十日）。まさに、此の世は「百鬼夜行、諸の汚穢《けがれ》を以て充つる墓場の如き者であり、（「地の塩㉒四四三頁）」」同上一九五号一九一六（大正五）年十月十日）その中で、なお、肉の充足を揚げ、物質主義を叫ぶのが、「社会民主々義者であり、現代人」（「霊・肉の関係㉕一〇四頁）」同上二三〇号一九一九（大正八）年九月十日）である、と断罪し続けたのである。

所で、幸徳秋水「基督抹殺論[注43]」が刊行されたのは、いわゆる「大逆事件」による刑死後八日目の一九一一（明治四十四）年二月一日であった。林茂、隅谷三喜男両解説者によると、この書の成立までには長い年月を要し、その開始は一九〇五（明治三十八）年にさかのぼるという。その時彼は、新聞紙条例違反で巣鴨に収監された。その折に持参した多数の書物の中に旧・新約全書があり、その奇異さを尋ねた木下尚江に「牢屋で一つ耶蘇の穴探しをしてやるのだ」（九七頁以下）と答えたという。幸徳と木下との間には、宗教をめぐっての論争が繰り返されてもいたという。

しかしこの書が書きおこされたのは、一九一〇（明治四十三）年四月上旬、湯河原に於てであった。所が六月一日、上京の途についた幸徳は湯河原駅頭で逮捕されてしまった。その草稿も押収されたが、十一月九日にはそれも返還され、二十日に脱稿したといわれる。

勿論、この書を著わした幸徳の心中に内村の存在がどれ程の位置を占めていたか、うかがい知る由もない。しかし幸徳がキリスト教を問題にする時、恐らく意識せざるを得なかったのは、内村であったことは認められてよいであろう。かつて、彼らは万朝報社の同僚であり、彼の処女作に推せん状を書くという間柄であったし、理想団の同志でもあった。その影響力という点からも相互に見過すことの出来る存在ではなかった。内村の社会主義や社会主義者たちへの反撃も無視し得なかったであろう。もはや彼らは互いに敵対的な存在の代表でもあった。「基督抹殺論」は、幸徳にとっては、いわば内村抹殺論として作用させる必要が大きかったのではないか。幸徳は書く、「吾人は茲に基督教が有する道徳的教訓の意義、実行及び其効果を一々細論せざる可し。旧約書の神が如何に残忍猛悪にして、人類を凌虐し、之に無道不徳を命じたるかを言はざる可し。新約書の教訓が、如何に霊に偏して肉を軽んじ、望みを死後に懸けて現在の事に冷淡ならしめ、無抵抗を美徳とし、貧窮を幸福とし、神の奴隷たるを誇りて、人類の勇気と自尊心を沮喪せしむるかを説かざる可し。而して又其実行を責むるや、常に威嚇的、命令的なるを云はざる可し[註135]……」。

この文章に接して、内村を想起しない方が無理というものではないか。それとも余りに恣意的であろうか。聖書は勿論、その解釈者の存在を前提とする。その理解に於て、その最初の紹介者、橋渡し役の理論は、伝えられたものの理解のいわば前理解（Vor-verständnis）として作用するのは否めない。たとえそれが浅薄なものであれ、あるいは誤解であってもである。とにかく内村の理解があり、それを肯定すると、否定するとにかかわらず、それに依って理解した、あるいは理解させられたものを前提し、それを出発点とせざる得ないという事であろう。内村と幸徳は、まさにそのような関係であった、と思われる。

幸徳秋水が彼なりの研究を重ねた末のものであることを、われわれは否定するつもりはない。そしてそれも、極めて時代的制約を受けているわけであるから、今日の聖書学、特に新約聖書学の所見を以て、これを論じることはひかえねばならない。これは勿論、内村に対しても同様であろう。

註

41　ロマ書十三章について本来ならば、ここで、その解釈史を含めて実質的な論議が展開される必要があるだろう。しかし最近、宮田光雄によって、これが詳論された。「国家と宗教」—ヨーロッパ精神史におけるロマ書十三章—である。一九九一年十二月号、一九九四年二月号、三月号、五月号、七月号の「思想」（岩波）に連載された長い論文である。目下の所、われわれはこの論文以上のものを期待することは到底不可能である、と思われる。

42　「羅馬書の研究」㉖　四〇一頁以下傍点引用者

43　幸徳秋水「基督抹殺論」一九五四年岩波

むすび

とはいえ、キリスト教と政治との関わりを考慮する場合、内村のような理解は、未だにキリスト教界全体をおおっている一種の常識のように見える。歴史的、時代的な所産としての聖書の中に、近代的政治理念を読みこんだり、（例えば「カイザルのものはカイザルに、神のものは神に」の解釈において、そこに政教分離を）また聖書を全智全能の神と同一視し世界のあらゆる問題を解決するマスターキーがそこに存在するかのように思念する聖書の偶像化、物神化そして終局的には deus ex machina（機械仕掛けの神）の期待である。

確かに、松尾尊兊[註44]が録すように、矢内原忠雄の講演「内村鑑三と堺枯川」で指摘された事実、つまり、キリスト教と社会主義との関係は、「並んで立ってもいない。之は向い合って立ち、互の異なるところを知りつつ而も互の立場を尊重し」つつの真実の対話をこそ求めなければならなかったであろう。しかし、それが開始されるには相互の自己革新が必要不可欠であろう。キリスト教の側からすれば、その確定している神学思想とか、ドグマから解放され、真実にそれに依って立ちもし、倒れもする新約聖書の検討と研究が先立たれねばならない。真の意味における sola scriptura（聖書のみ）であろう。

社会主義もまたその終焉という声の前で圧倒されてしまっているが、果たしてその経済的側面のみの功罪にとどまってこれを無視し得るのか熟考の必要があるだろう。

ボーダーレス的地球上の共生を考える時、一国家のみの存在はもはや不能であってみれば、相互の共存と共生のための方途を模索する必要にせまられているのである。ハンナ・アーレントがいうように[註45]、一国家を媒体として、始めて個人としての人間が国民とされ、その国民国家のみが普遍的理念としての基本的人権を保障するという構図がその矛盾を露呈し、もはや崩れ去ったのである。国家内の異質なものは、同化と帰化政策によってのみ、始めて市民権が認められるようなものは、もはやそれは「人間としての権利」と呼ぶには値いしないのであって、それはあくまでも、特殊国民的権利と呼ぶべき差別の認知でしかないという。彼女はユダヤ人としての体験を通して語っているのである。

まさに、人間は社会的共同的存在としてのみ、現存し得ることの確認である。政治はたしかに、このための制度や組織づくりに当って、その方策を具体化することであろう。単なる理念は政治ではない。その理念を、その現実と時代状況の中で、どのようにその理念を具体化し、現実的に実現するかの方策が政治というものであるに違いない。今、われわれが問われているのは、まさに、その理念とその実現の方策であろう。そのために不可欠なのは、共通の理解を得るための対話でなければならない。ダイアローグである。文字通り、それは相互のロゴス［λόγος］（知性、理性、言葉）を通じて（διά）のみ可能なのである。

註

44　前掲書

45　ハンナ・アーレント「全体主義の起源」（大久保、大島他訳）一九八一年みすず書房

第二部

(A) 田中正造と新約聖書、そしてキリスト教？

はじめに

田中正造は、一九一三（大正二）年九月四日、その生涯を閉じた。時に七十三歳であった。その時、枕元に残されたものは、菅の小笠、襦子の袋（信玄袋）の二つであった。その袋の中には、島田宗三が代筆した草稿と新約全書[註1]、鼻紙少々、数個の小石、そして明治憲法と新約全書のマタイ伝の分冊を白糸で綴じ合わせたもの、そして三冊の日記帳があったことは、よく知られている事実である。

この新約聖書の存在に着目し、それが彼の思想と行動とに決定的な影響を齎らしたとする見解は、いわゆる「足尾鉱毒事件」をルポルタージュし、それを切っ掛けに田中正造を熟知するに到る木下尚江に始まる、といってよいであろう。

木下に依れば、いわゆる「アクビ事件[註2]」によって余儀なくされた四十日間にわたる牢獄生活は、人々にとっては、一時の滑稽談でしかなかったけれども、内憂外患、一種の袋小路に追いつめられていた田中にとっては、「自由な、寛闊な、別天地の春が開け[註3]」、まさにそれは、「一新の機[註4]」以外の何ものでもなかった。それは何故か。

「此の四十日の牢獄生活に於て、彼が新約全書を耽読したこと[註5]」であり、「今や新らしい生涯の開け初めやうとして居た翁の為めには、殆んど予定せられた天の恩寵とも、見る事が出来る[註6]」からである、という。

時に一九〇二（明治三十五）年、田中六十一歳。

この新約全書を誰が差し入れたか、に関して木下尚江は「何人の差入か知らぬ」（「田中正造翁」一九八頁）というが、様々の可能性の中から獄舎に近かった新井奥邃[註7]とするもの、内村鑑三とするものがあるが、特定する事は困難である。この事の考証が本論の目的ではないし、それ自体余り有意義とは思われない。問題は、田中が新約全書をどのように読み、理解したかであろう。なお、木下によれば、田中は新約全書を通読した、とあるが、次のような言葉も残されている事を附加する必要があるだろう。「神若シ我ニ二年の寿を以てせバ、新約聖書を読畢らんか。わがみの願ハ誠ニ深き御願なり」（⑪四一九頁）。「聖書を未だ読まず、只三十五年ニ少々獄ニ入リテ一回読ンデ分ラヌ。誓フベカラズトアリタルヲ見タリ……。聖書ヲ読マンカ。聖書ヲ読ムヨリハ先ヅ聖書ヲ実践セヨ。聖書ヲ空文タラシムナカレ」（⑪一八八頁）。「我聖書を読むひまなしと思へば誤りなり。聖書ハ読むニあらず、行ふものなれバなり」（⑪一九九頁）。

この事から明らかになる事は、田中が聖書を繰り返して読んだこと。また、その接近の仕方、更には視点が極めて独自であることである。端的にいえば、キリスト教の伝統的（あえて、正統とはいわない）解釈とは異なる、といわなければならない。

更に、出獄の翌日(七月二十七日)甥の原田定助宛親展では、悔改めに触れながらも、禁酒会、鉱毒救済会の活動に言及し、精神と肉体とを併せての救済を述べ、「真理とすべき要点の動かすべからざる一事」として、次の様にしたためるのである。「大義に通ずる大道理大条理大精神を忘れざる事を相祈り候。小生は宗教の真味をしらずと雖も、無学にても分り得べき大条理は動くべからず。且つ入獄中病室に居る二十余日、新約三百ページを一読せり。得る処頗る多し。いよいよ老へて強情たるを得ん……」(⑮No.1228)も注目すべき言葉であろう。

田中自身が認めるように、ここで新約聖書との接触によって与えられた(もしくは与えられるであろう)インパクトは、かなりのものであった、と想像はさせるが、かといって動くべからざる大条理といい、「いよいよ老へて強情たるを得ん」という時、そこに自ら明白な事は、彼自身の持ち前の矜持とプライド、これ迄彼自身がつちかった変らざるものの存在も、それが暗示的であれ見逃すわけにはいかない。

加えて八月十五日発信の原田宛封書では、「正造義獄中読書、病院に移りて以来十日間計リハ見ました。たん緒は開けかかりました。さて困るハ第一耶蘇教信徒に偽物多き事の見へて来たニ困る。大ニ攻撃を加へざるべからず」(⑮No.1249)とし、具体的個人名を上げげつつ断罪していることである。

当時、いわゆる鉱毒事件に鋭く反応し、田中たちの運動に積極的に協力したのは、多くのキリスト教徒たちであった。上で断罪されている人びとも、後には「我友」と称され、「常ノ言行凡

庸ニアラザルヲ以テ之ヲ我ニ実行ノ学ビトセリ」(⑪二三八頁、明治四十一年八月二十七日日記)
とも回顧されているのではある。

この様に、個人や団体、そして宗教一般を判断する場合の規準は、結論をいささか先取り的にいえば彼にとってそれは倫理性、社会性、実践性、積極性ということであるように思われる。この事は、彼自身の聖書解釈の視点を明瞭にする。と同時に、彼自身の価値判断の規準をも明確にする、と見て誤りがないであろう。

以下において、彼が聖書のどの箇所を、どのように読んだか、を彼の文言の中から取り出し、その一つ一つを具体的に検証する事によって明らかにしてみよう。

第一章 田中の文言に表われている新約聖書

(1) 福音書(マタイ)を中心に

これには、聖書の言葉の直接的引用(勿論それと明確にしているわけではないが)と、それと考えられる言及(暗示的と明示的)とに分類出来るが、彼が一番良く親しんだと思われるマタイ伝に準拠した順序に従って考察することにしよう。

① 洗礼(マタイ3:1~17)

イエスは、バプテスマのヨハネから「洗礼ヲ受ケシ人」といわれ、水による身体の清め(衛生上必要なこと)と、霊による霊の洗礼が懺悔をともなってなされる時、既往の悪事、悪魔を追放し得る力を獲得する。これが懺悔洗礼というものである(⑪四一四、⑫六十五頁、一〇一頁、⑬五四六)。

② 「石をパンに」「人の生くるはパンのみに由るにあらず」(マタイ4:1~11)

悪魔に試みられたイエスと滅亡の危機にある谷中村村民とそしてそこに移住し共に生きた田中自身が投影され、さらにイエス・キリストとの同一視がなされる。「いかなる人ニても、野に裸体のまゝ風雨ニさらさバ真面目となれり。此時の一瞬間神ニ救るゝなり。又悪魔ニさらわるゝなり。石をパンニせよとハ此時ニあり。人ハパンのみにて生きるものニあらずと答へしハ此時なり」（⑪二一四頁、参照⑪二一七頁、一五四頁、三〇一頁、三三〇頁、四一四頁、四一九頁）。この事は谷中村民によって、実証済みである。だから、次の様に云う事が可能なのだ。「谷中一百人ハ定職、定住、定食ナク、水中の仮小屋ニ生活する三ヶ年、人ハパンノミヲ以て生るものニあらず」（⑪四一九）。

　更に次の文言は極めてユニークである。「人ハパンノミを以て生きるものニあらず。パンハ人体ニはなるべからず。而も位置をはなせバ無関係なり。住所衣服ハ食ほど深き近き関係なしといゝども、はなせバ即身を破る。此二者ハ何より来るか。即ちしんら万象より来る。しんら万象皆我れニ関せざるなし。万象を養ふ空気の力ら多し。然れども空気のみを以て万象を養ふものニあらずといゝども、直接動植物万物の食たる先づ空気を第一とす。次ニ飲食とす。身体ハ霊の衣食住所なり。霊所の食用空気を以て第一とす。霊の生命ハ天の霊、地の霊と共ニ死せざるなり。キリストノ十字架ハ肉体の衣食住を奪ふと同じくして、キリストノ肉ニも性ニも傷かざるなり。故ニキリストの肉ヲ奪フ、尚且ツ生命アリト云フハ此事なり」（同上、参照⑬一五四頁）。

　ここでは、いわゆる霊肉二元論は存在せず、今日のエコロジカルな自然学がある、といえないであろうか。独特な十字架理解もまた、注目すべきであろう。

またいう。豚は本来清潔好きである事は、水に入って身体を洗う事から、明らかであるのに、食を選ばないが故に、「侮られて汚穢の中に」育てられる。同じく、人も食を選ばないと侮られる。「聖書ニ人ハパンのみを以て生けるものニあらずと。パンのみと思ハヾ豕と同じ」(⑫一二三頁)。

彼の活動は文字通り、東奔西走、席の暖まる事少なく、旅に旅を重ねたものであった。多くの協力者の存在もまた、彼にとって有難いものであった。然し次の様な率直な言葉も聞かれる。「いやな人の御馳走ハ、いかに膳のもの奇麗ニ品数多く、いかニ山海の珍味にても味ぢなし。聖書ニ人ハパンのみにて生くるものニあらず」(⑫一七四頁)。

しかし彼が利用する一泊一円の宿屋の中でも、時として茶代として特別に一円もしくは五十銭を投ずる場合がある。それは決して奢侈や傲慢からそうするのではなくて、暖かいもてなしや親切に対する感謝の表現なのである。この業は神に近く、真理なのである。「日払ハ旅籠銭のみを生きるものニあらずと云ふ意味なれバなり。人ハパンノミを以て生きるものニあらずと云ふの解釈之れなり。即ちパンの代価ニ加へて恩義の代を払ふ。パンの代価のみ払へば無形の恩義ハ償ハざるもよしと云ハヾ、之れパンのみの人なり。考ふべきなり」(⑬一三頁)。

木下と共に、田中の良き理解者であり、また協力者であった逸見斧吉宛ての手紙には、田中自身が到達したと思われる宗教的境地を如実に示す言葉がみられる。「人ハパンノミを以て生けるものニあらず。人ハ労のみを以て報を得るものニあらず。神の恵み、慈悲の引合せなければ徒労徒費多シ。之れを誠ニ得んと欲して得られず、得られざるハ我心の至らざるなり。天ハ常ニ多物を人類ニ与ふ。只之れを得るの法をしらざるのみ。しれば即ちキリストの如く、釈迦の如く、政治ニオケル孔子の如きものならん。彼三聖カ、三神カ、三仏か。凡長短ヲ免カレザルトスルモ、即チ天ノ大ナル恵ミヲ克く受け、克く得たる中で尤多いのでショウ。予等ハ小なりとも一局たりとも、天の与ル処を其儘ニうけ得て、其物と化して見たいのみ。只之を得るの道の多様なれバ、或ハ又惑へも来さんか。然れども其惑や研究の行路のみ、只多様ニ渉らざれバ早く得ん。多様ハ多様ニして広く薄し、且ツ遅し。但し大人ハ多様ニ渉るの弊ニ陥り、小人ハ常ニ狭きニ失す。人情の流通ハ尚流水の如し。其低きを求めて行く、風に動きて波揚る。揚りて又沈む。停止する処なくして法を越へず。天則克く此間を調和す」（⑱ No.3470）。

この様な宗教的知恵は、彼自らの教養と決して無縁ではないが、余り世には知られなかった独自な思想家新井奥邃との出合いと語らいを考察するように促す、と思われる。

③「我に従え」（マタイ4：18〜22）

イエスが公生涯への出発に当って、手始めにした事は、弟子たち、共働者たちを獲得するという事であった。田中も孤軍奮闘の只中で、同じ思いにかられたに違いない。田中たちの運動に様々な形で参与し、協力していた日本キリスト教婦人矯風会に招かれての演説で、彼女たち「大恩人」のお蔭で、谷中の人々は辛うじて生命永らえている事に感謝しつつ、家庭・社会・国家問題にふれながら、次の様に述べる。「凡人のためを図らんとせバ各人皆其方面即自分欲する方面を以て自分の働くべき地位と方法をもとめ、先其人類のむれニ入るべし。救ふ人ハ救わる、人々のむれニ入らざれバ救ふべきよしをしるハよしなし。仮りニ魚を取るものを見よ。皆魚のむれニ入る。鯨らを取るものハ鯨の行動をしる。……魚を捕るものすら尚魚の外ニ余念なし。終ニ魚の生存法をしり又魚の心しる故ニ魚と心一致す。況んや人を救ふハ人のために余念なし。終ニ救わる、人の行動品格生活をしりて救わる、ものと救ふものと心一致す。而して又人を漁るハ魚を漁るより難し。……キリスト曰ク、魚ヲアサルヲ止メテ人ヲアサルベシト云ハレタリ。思へ半バニ過グ」（明治四十年十月十八日、④五九五頁以下）。

「無学」を以て認ずる田中は、絶えざる「学び」の人であったように思われる。「一切を捨てて我ニしたがいと、もろもろの心をすてずバ、人の教耳ニ入らず。況んや神秘すや」（⑪二二五頁）と語る田中である。

様々の運動、多くの人々との出会いの中で、人民を見る彼の眼は研ぎすまされて行ったのであろう。冷徹そのものである。それ故の孤独と悲哀というべきか。彼は語る、「今此地方人民を見る、徳川氏の温和的圧制ニ慣れ、二百余年の遺伝性となり、一に畏敬、二に恐懼、三ニ畏怖、四ニ謹慎、五ニ卑屈、六ニ堪忍、七ニ忍辱、八ニ依頼、九ニ官尊等の文字より生ずる消極的謙遜、形容的礼節、終無精神となり、偽善的忠義、吝ショク的節倹等、似て頗る非ナル性となりて、終ニ徳川三百年の余弊ハ四十五年をへてますます甚しきニ到れり。而も此弊より発する悪徳なるもの、之を道徳と誤解するに到らしめたり。此時ニ当りてハ断じて占るきをすて、、新鮮なる宗教キリストの曰く、一切をすて、我れニ従へよ、とのたまへしを以てせるの外此国民を救へ出すべきミちなし。今の日本豈尋常無力の宗教を以て救ふべからざるなり。キリスト今何処ニあるか」（⑬一二八頁）。

これは彼が七十二歳でその生涯を閉じる前年明治四十五年三月五日の日記にしるした言葉である。彼の悲しみと侘しさ、そして嘆きが聞こえて来るではないか。

④「汝らの義、学者、パリサイ人の義に勝らずば、天国に入ること能はず」（マタイ5：20）

ここでいう学者は、いうまでもなくユダヤ教のラビ、律法学者を指す。然し、田中にとってはそれにとどまらない。学者は「貴族的理想家」であり宗教家ですらある。「之ニ対スル無宗教家なりしも無宗教ハ済度之道あり。汝ヂ等ハ学者パリサイノ人より正シキ人となれと教イタリ。学者ノ悪シキト金持チノ悪キト同一」（⑫一〇九頁）と断じてはばからない。彼の学者批判は痛烈を極める。「眼は書籍に富」（⑲三五〇頁）んではいるが、「書籍上ノ修養ハ車上ノ花見ナリ。生活上、仕事上ノ修養ハ手ヅカラ花ヲ造ル人ナリ。花ヲ作ルコトヲシラズシテ花ヲ見ルモノハ、机上の熟練ノミ。花ヲ造クルコトヲシリ、合セテ花ヲ見ルノ人ト、其楽ミノ厚薄如何。花ノ深味ヲシラズ、花ノ心ヲモシラズシテ、花ヲ見ルハ虚ナリ。何ンノタメニ花見ルカノ疑問アリ。之ニ異り、花ヲ作ルモノハ、形見ザルモ心ニ見ルナリ」（⑫四〇三頁以下）。足尾鉱毒事件にかかわった学者もまた、例外ではない。その調査会も銅山を弁護するばかりであって、「公平ニ学術上の調を為したる点ハ誠少々なり。……此くの如く机上ニおゐていかに弁護弁解を加い、いかに被害民を苦しめたりとて、弁護ハ机上の事ニして実施ハ即ち亡びたり。……いかにして此富有の天地を貧困の地獄ニ陥し入れしか。茲ニ至て知者学者の弁論弁解ハ一時の目前ニ止まる浅薄の知識ニ外ならざるか。語ニ曰く、心茲ニあらざれバ見れども見へず、きけどもきこいず、食すれども其味をしらずと。今の学者ハ概此類なり。見る目あり、きく耳あり、食ふ口ちあり、むしろ無学の人々より多くの耳口目を持ちながら、心ニ誠実なく、心に夫心なく信念なく、良心を切り売りして知識を切売りして」（⑬五一〇頁以下）さまざまの荒廃を齎らす結果となっている。憐れむべきは、「今の腐学者」（⑲三五〇頁）である、と叫ぶ。

⑤　山上の垂訓（説教）マタイ5：1〜7：29

この箇所は、新約聖書の中でイエスの言葉が最も多くまとめられていて、イエスの、そしてキリスト教の中核的教訓の集大成のように理解され、「黄金律」とさえいわれている。田中自身の受け取り方も大体において、その線に従っており、全般に渡ってこの箇所の頻度はかなり高いといわなければならない。彼自身これを次の様な形でまとめてもいるのである。「一、貧しきもの、空なれバ他なし。二、哀むもの、三、柔和なもの、神に接して居るため物に合す。四、飢カワク如ク義ヲ慕フ。五、恤みあるもの、湯ニ水、水ニ湯。六、清きもの、白きもの、七、和ラギヲ求ムル。八、正しき事のためにせめらるゝものハ幸なり」(⑬三八三頁、三九八頁)。「奸淫スルナカレ、殺スナカレ、盗ムナカレ、偽リノ証ヲ立ルナカレ、貪ルナカレト云ヘル、此外尚誡メアルトモ、己レノ如ク爾の隣リヲ愛スベシト云ル言葉ノ内ニコモリタリ」(⑫五五二頁)。「キリスト曰く、汝ぢ左の目汝ぢを汚さんとせバ先ヅ其目ヲ抜きて捨てよ、とあり」(⑬四頁)。「聖書ニ人汝ぢの左りのほをたたくものあらば、右のほをもめぐらしてうたせよとあり、浅薄の士ハ之を笑ふけれども、凡左をうたるゝものハ右もうたるゝなり。必ずしも左りのみニ止まらず、然るを我より右をもうちたまいと擲てバ、左りのみニて或ハ止まらん。下着を取らんとするものニハ表着をも与へよとハ誠ニ道理なり。一里を負せバ二里行けも亦同じ」(⑫一二〇頁)。和田洋一[註9]は、「心機一転」説の根拠を木下尚江編「田中正造之生涯」中の「海陸軍全廃」という見出しの短文に求め、その内実は「軍備不可の確信を指」す、と結論づけている。この事は、なお次の様な田中自身の日記が証明してくれるであろう。「世界海陸軍備全廃論ハ、正造神ノ接理ニヨリテ去ル三十五年入獄四十一日ニ及べリ。此時聖書ヲ通読スルノトキ軍備ノ不可ナルヲ確信シテヨリ、静岡、東京、栃木一府二県中ニ於テ五回ニ及ンデ同一ノ確信を演べタリ（明治三十六七より四十一年に及）」(⑬四五二頁) とあり、木下、安部磯雄、福田英子らに宛てた葉書は、これを更に確信させるものであろう。曰く、「昨御読ミきけの右ノホー左りのホウ云々ヲ嘲笑せる其言下ニ曰ク、キリストよりも愚ナリトアリ。是聞捨ナラヌケレドモ、亦度外視セバ可ナランカ。只憐ムベキカナ。決して争フノ必要ハナイ。教ヘノ必用アレドモ異端ヲ脩ム。之亦害ノミ。暫ラク放棄シテ自覚ノ時ヲ待ツノミ。抑非戦論ハ何ンノ心ヨリ怒号セシカ。愛ノ大ナルモノナラズヤ。タトヘバ海陸軍ノ全廃、軍備ヲ旧ノ敵国ニ与ヘテ敵国ノ半化ヲ保護セントス。嗚呼、予等ノ愚盲ニシテ己ニ此心アリ。但シ予等ノ心ニアラズ。神の教へのまゝをそのまゝニせるのみ。あどけなきおのが心をたどりツツ、神の教のまゝをそのまゝニて候」(⑰No.2699)と。明治四十一年四月十一日の事であった。

同じく和田洋一によれば[註10]、出獄の翌年の明治三十六年から四十一年までの間、田中が軍備全廃を叫んだのは五回に及んだ、といわれる。

幸徳秋水、堺利彦、内村鑑三らが、その非戦論の故に万朝報社を退いたのも明治三十六年であった。この年、田中は三宅雪嶺宛て親展に「尚万朝報社三氏の御退社ハ主義上の事トシテハ近年珍敷御進退ニ奉存候」(⑯No.1472)と書き、石川半山宛親展にも「三氏の御勇退、感泣の外無之候得共、三氏の御身上差向御困りならん事と、社としてハ惜むべき次第にて候」(同、No.1480)と書き、その関心の深さ同情とを示している事を附け加えねばならない。断乎、ロシアを打つべし、という圧倒的な世論の高まりの中で、非戦論から無戦論[註11]を唱える事は、並の事ではなかった、と思われる。ここには明らかに、右、左の類に関するチャレンジングな聖書の言葉を介在せしめると同時に、当時知られるようになっていたトルストイ主義とも絡みながら、田中をして徹底的な無抵抗主義へと向かわせるに到った、といってよいであろう。

「キリストノ神ハ、ヨキモノニモアシキモノニモ幸ヘセリト云ッテ見ヨ」(マタイ5：45)(⑪

四四二頁）は、人生の幸・不幸が必ずしも、その人自身の善・悪の行為にかかわらないこと、つまり常識的、世間的知恵としての、勧善懲悪因果応報思想の否定ともとれる理解を示すものであろう。

「汝の敵を愛せよ。敵を愛するものハ大いなり」（⑫二三一頁）はマタイ5：44を示す。しかも次の様な言辞は彼自身の独特な解釈を表わす。「……キリスト曰ク、汝ぢの敵を愛せよと。之れ至仁の言なり。即ち愛ハよく其性質をしりて而して后ち之を愛するなり。漠然之を愛するにあらず。よく悪をしり、よく善をしる。憎むとハ他人の悪事を憎むのみならず、悪事其物の性質を憎。三人行く、其内必ず一人我師ありと。其善は之ニ従ひ、其悪ハ自ら看て改む。其改むるハ汝ぢの心ニある。我れニも彼の人の如き悪事ありや否と顧ミるなり。故ニ汝ぢの敵を愛せよとハ他を見るのみの故ニあらずして、其意を内外ニ用ゆ。其心を我れと他人ニ用ゆるなり。（而も世人ハ往々他人の悪を憎むの一方ニのみ解するもの多し）。故ニ此人ニより見れバ、汝ぢの敵を愛する語ハ広くして行へがたきよふニ誤解せり。偏ニ他人より来る敵ニのみに用るとせバ、聖人と雖も悉く敵を愛する事ハ出来ぬ。出来ぬのみか、凡天地間ニかかる道理あるべからざるものなり。よく其悪をしりて其悪を憎み、而して之を救ふの順序なかるべからざるなり。予正造未だ徳薄く、愛の区域ニ入る能わざる事甚だ多し。今ニして漸くして悪を憎むの程度にて候。之より進んで其悪を憎む所以のものハ即ち愛するの順序なるを、其茲ニ至らん事を希ふ」（⑰No.2590）。

これを書いた明治四十年の初頭一月二十六日に、内閣が出した谷中村に対する土地収用法適用認定公告をめぐって、それを止むを得ないものと戦線から離脱する者、谷中から退去する者、補償金の受領拒絶する者、断固として残留を主張する者など様々の対応と混乱が続いていた。これに対して、県は残留民に強制施行の戒告書を手交したが、彼らはこれに応ずる気配を見せなかった。県は六月二十二日再度戒告書を手交したが、一週間後の六月二十九日から、残留民の家屋十六戸の強制破壊の挙に出たのである。

田中はこの現場に終始立ち合い、その悲惨と同時に、彼自身今迄気づかなかった村民たちの本来的なしたたかさを十分に味わう機会となった事も見逃せない。林竹二のいう「谷中学[註12]」の一端である。

「キリストハ宝を天ニ収めよと。宝らのある処ニハ心も亦存すればなり」（マタイ6：20、21）⒀四二九頁）。同日、ある窃盗の話しをして、「心を専らにせバ自然と通を得る、金玉のあり所をもさとり得る云々」とノートに録している。

巣鴨の神聖舎で新井奥邃から教えられたのは、「心ニ二ツの主人ありてハいけぬ。之れ聖書、二ノ主に仕ふべからず（マタイ6：24）とあり。日本古来の諺ニ、賢人二君ニ仕へずと云ふに同じ」⑿三一七頁）という事であった。

田中が晩年に至って到達したと思われる理想は「今日ハ今日主義」ともいうべきものであった。竹内良知[註13]は、これこそ田中の生涯を貫ぬく根本的態度であり、それは『現在の現実から目を逸らさず、そこに徹して、その課題の解決のために全力をあげて戦い、「明日の考ヲ以テ今日ヲ等閑ニ」しない、ということである』、と解説している。

この様な田中の知見は、天の配剤に対する断固とした確信以外から出て来るものではないであろう。「野の花」（マタイ6：28）への言及（⑪四三〇頁）や「人は一日の業を以て足れりとハキリストの教えなり。もしそれ明日を図れば借金を要するにも到るべし。借金の多くハ前途の望みより来る。一日の業を以て充てば、借財の必用なし。之神に入るの道なり」（⑬七四頁）、と語る時、田中の脳裡にあったのは、「明日のことを思ひ煩ふな、明日は明日みづから思ひ煩はん。一日の苦労は一日にて足れり」（マタイ6：34）というイエスの言葉であったであろう事は、想像に難くない。

「なんぢら人を審くな」（マタイ7：1）に対する田中の反応は、「誠ニ捌くなかれの一語ハ以てキリストノ全部ヲ掩フ浩大無極ならん」（⑲No.4777）と断ずるものであった。宛名不詳者がこれを「高尚のもの」と解釈したが、「いよいよ至妙に考付申候」ところ、自身も「高妙に了解」するに到り、小事だと思っていたが、「非常の大問題」である事に気付くに到った、という。そしてこの事をめぐって面会の上で、じっくりと話し合いたいものである、と願望するのであった。

「狭き門より入れ……」（マタイ7：13）

また、昔、往来の不如意な道があった。その道は山沿いの、海の辺に沿った狭く、危険な道であった。人はこれを名付け「親しらず子しらず」といった。ここを通らなければ、目的の地には到達出来ない。従ってこれが常道であった。しかしまさしく「常道必ずしも危道なしとせず。正道必ずしも平坦ならず。正道却て危道を踏まざるべからず」。「人もし教に入るの門狭しとして、門ニ来りて帰らバ、いづれの日か天国ニ入るの道に出ん。……第一、狭しとおもふハ、我心の未だ其形ちの大なるためなり。それ心なるハ無形ニして形なし。……色も香もなし、……然れども凡庸人の心ハ淡ならずして色香あり、濁りあり。其形のために動くものハ未だ心が心の本然ニ帰せず。……恰も種々雑多の荷物を負ふて細き狭き門を入らんとするものニ似たり。其身体ハ入らんと欲するも、荷物のために妨げられて門ニ入る能わず。此人と此門ニ入る能わざるを以て此門狭しと云ハゞ、是誤りの大なるものなり」、といい、更に翌日にも「先ヅ入るべし。万事をすて、先ヅ入るべし」と続けてノートしている。彼はそれを儒教の語としての「精神一到何事不成」と同義だとし、「実行」の大切さを訴えている（⑪三三一頁以下）。これは明らかに、（マタイ7：13）の「狭き門より入れ」の解釈であろう。こゝでは明らかに修行としての易行道ではなく、難行道が想定されている、と理解してさしつかえなかろう。

⑥「狐は穴あり、空の鳥は塒《ねぐら》あり、されど人の子は枕する所なし」（マタイ8：20）

明治四十五年は、七月三十日に明治天皇が亡くなり、大正と改元された。田中が亡くなるおよそ一年前の事であった。谷中残留民がその生活のために止むを得ず着手した麦取畦畔修築工事に栃木県は中止命令を発し、思川出水と相まって、その工事も流失してしまうという悲惨が起った（三月八日）。残留民は「不服御届書」を四月二十八日、十月十二日の二度にわたって栃木県知事に提出したが、許すどころか、残留民の二人を河川法違反容疑で召喚する、という挙に出たのである。この二人に対する判決は、罰金二〇円というものであった（十月二十五日）。彼らは控訴したが、棄却され（十一月二十二日）、東京控訴院へ上告したが再び棄却され、罰金刑が確定する事となった（一九二三（大正一二）年一月二十四日）。この日の公判に出席しようとした田中は「牽制のため出京出来ず」（⑲No.4450）という事態であった。

この間にしたためられたノートは悲哀に満ちている。「亡びるの時ハ亡す人及亡びる民、ともに亡びをよろこぶ」、「亡びる会社ハ亡びる。而も尚我を亡すものをよろこぶ。水ニおぼる丶もの、おぼれて尚且ツ水を出すものを弁護す」（九月二十日、⑬三三七頁）。解説は不要であろう。

田中は様々な中傷と非難の中で動かざるを得なかったであろう。彼の名を騙り、寄附と称して金品を取る者も後を絶たなかった。これらも田中の耳に直接、間接に伝わったものもあった。金品を奪わんとして人に近づき、それが成功しない時には、田中を讒誣《ざんぶ》するという具合であった。三十二年の昔の事が今にして思い当るのである。「今日ハ此くの如き悪魔ハ更幾千万の多きニ到りしや。到る処悪魔ニあらざれバ無神脛のみ。離間を用ゆるの必用すらなかるべきニ、離間中傷ハいよいよ流行す。キリストの曰く、狐に穴あり、鳥ニハすあり、人の子ハ枕らする処なしと。嗚呼」（⑬三三八頁）。運動には裏切りがつきまとうものなのであろうか。そういえばキリストも第一の弟子をもって自他ともに任じていたペテロがそうであり、イスカリオテのユダも……。結局、キリストは誰にも理解されなかったのではないか。聖書もこの事実を隠さずに伝えているではないか。田中はいう、「聖書ハツンボの耳をへて綴りたるの書なり。茲ニツンボの人と談話する人、必ず用点のみをのべつげて、言葉以外の趣味ニ到らざるを常とす。聖書ハツンボの耳を借りて伝へ来るはなしの如シ。聞くもの深く味ふてはじめて真ニ入るべしといいども、キリストの門弟未だキリストノ説をきくの耳あるもの稀れなり。偶ありと雖、キリストより見ればツンボの人の如シ」(同上)。ここには聖書を絶対視しようとする態度は見られず、リベラリスト田中の面目が躍如としているではないか。

⑦「我に従へ、死にたる者にその死にたる者を葬らせよ」(マタイ8:22)

単に、死人ばかりを扱う仏教を葬式仏教として非難するのは、田中の真情から出ていると思われる。彼は島田に次の様にも語っている。「世人は、よく仏教とヤソ教の比較を言います。私は仏教の教義は誠に良いが、あまりに難しいのと、今の仏教を奉じている僧侶が死人を扱うばかりに堕ちてしまったために、ややもすれば軽視されがちです。これに反し、ヤソ教の教えは分かりやすくて何人にも理解できると同時に、斯道に立つ人も皆、積極的に社会事業をやるので評判がよく、私もまたキリスト教の教えを真理と確信するものです[註14]」。

これを文字通り解する事は、危険であるし実際を反映しているとは思えない。多くの仏教者もまた、田中の運動に理解と協力を惜しまなかったし、「キリスト教の教えを真理と確信する」とはいっても、以上見て来た所からもすでに明白な様に、必ずしも伝統的なキリスト教の教理やドグマの理解と軌を一にしているわけではない。真に究明されなければならないのは、彼自身の確信している内実である。

とはいえ、「世の壮厳華美の葬式を行ふものハ閑散、奢侈、驕慢、虚偽の礼式なり」と断じ、「船中ニ死するものあれバ海ニ投葬シ、遠方ニ死するものハ必ず火葬して其骨のみを郷里に持帰る。必要事実此くの如シ」、といい、「キリスト又賜く、死せるものハ死したるものをともらふべしと。以て虚偽の礼容をいましめたり」（⑫三三三頁）と結ぶ時、既成の仏教に対する批判は厳しいものがあったことは事実である。

⑧「新しき酒は、新たなる皮袋に」（マタイ9：17）

「古るき袋ろに新しき酒を入る、なかれとハ主より教らる、処なり。予老へて古るし。古るき袋なり。新たなる教ニ研かんとせバ古るき一切をすて、学バざるべからず。然るに其古るきをすてるニ苦痛あり。苦痛ありとて之れを伐っても捨てざれバ新しき教をうくる道ちニあらず、法ニあらず。徒学のみならず古るきも又役ニ立、ぬものとなりぬ。憤発して古るきをすて、新たなる道ちをき、て可然」（⑫四五頁）。皮袋は、人の身体であり（⑫一九四頁）、酒によっても、この身体は破れるのであるから、禁酒をこそ実践すべきである（⑤四三〇頁）。事実、彼は禁酒会の忠実なメンバーであった。

⑨「群衆を見て、その牧ふ者なき羊のごとく悩み、且つたふるるを甚《いた》く憫み」(マタイ9:36)

幸徳秋水らのいわゆる「大逆事件」に対して、死刑判決が下され、その執行がおよそ一週間後という手早い処理がなされたのは、明治四十四年一月末の事であった。幸徳らいわゆる主義者たちは、総じて田中らの運動に対して冷淡ではあった。とはいえ、田中の「主義」に対する評価は、かなり積極的であった事は否定出来ない。主義者たちの間に途中からの分裂という実態が存在していたにせよ、田中の運動に対して最後まで協力を惜しまなかったのは、福田英子や石川三四郎らの「主義者」であった。しかも、われわれがここで記憶すべきは、田中の天皇直訴事件に当って、その直訴状の案文を書いたのは紛れもなく幸徳秋水であったことである。後日、その不当をなじった木下尚江に対して、「僕だって厭だ、しかしあの疲れた老人の姿を見ては、振り切ることができないじゃないか[註15]」、と応答したという。それは幸徳秋水の田中の行動に対する不本意を示しながらも、田中への偽らざる真情の発露と受け取る事は許されよう。(勿論、この事件そのものの評価は別としてであるが)。

「聖書に飼ふものなき綿羊の如しとは誠に憐れの話なり」(⑫二五六頁)、と語ったのは、この「大逆事件」の処理が終っておよそ半年後の六月二十日であった。しかもこの様な悲しい言語は、次のような理解(日本人と政府に対する)と事実認識の上に立言されているのである。「家畜的猟犬的鶏豕的日本国民を製造して日本国の安全を図らんとするを見る。此家畜を飼ふものは誰れとするか。政府も亦国民なり。上下皆家畜たらざるなし。然らば畜ふものも亦家畜にして、真に之れを飼ふものはなきなり」（同上）。この様な情況の中でなし得る事は何か。そしてその中でリーダーたること、それはどういう事か。七十歳に達した彼の脳裡の中に何が浮かんでいたのであろうか。これを語ったイエスを思いながら、どう反芻したであろうか。己れ自らがキリストたることであったろうか。

⑩「旅の嚢《ふくろ》も、二枚の下衣も、鞋も、杖ももつな」（マタイ10：10）

四十二年七月三日の日記に、足利からの帰途の車中、服が薄く寒さを感じたが、荷物もあり、たまたま雨も降ってきたので三里程そのまま強行する事になった。結果「終ニ風を引く。キリスト曰く、杖一本ノ外何物をも持つべからず。二枚の服をきるなかれと」（⑪四一〇頁、⑬五一七頁）釈明する。

彼の生活は文字通り、東奔西走、居所不定であった。上、下にかかわらず着がえも持たず、与えられれば、それに着がえて、脱いだものはそこに置いていくというものであったらしい。それがまたしらみの巣というものであった。巣鴨の新井奥邃を訪ねると、直ちに風呂に案内され、着がえさせられた。その風呂も彼一人だけで流されてしまう、ということであった。そして彼は例えば次の様に記す。「久々にて新井奥邃を訪ねて泊す。厄介となる。安眠す。殆んど深山に寝たる如し。清風静かに、身辺和らかに神心清きを感ず」（⑫二五六頁）。彼にとって新井の謙和館は、師との語らいと相まって身心ともなるオアシスであった。「我からだ這へつる蚤よく見れバ、かれも造化の手足なるらん」。一九〇三（明治三十六）年五月十一日に詠んだ田中の歌である。

島田宗三は、「事実、翁は常に木綿の服で通し、臨終の蒲団すら、有志から贈られたメリンス製品を使用されなかった[註16]」と伝える。

⑪「我なんぢらを遣すは、羊を豺狼のなかに入るるが如し。この故に蛇のごとく慧く、鴿のごとく素直なれ」（マタイ10：16）

これは通常、イエスが弟子たちを伝道旅行に派遣するに当って与えた祝福・激励の言葉と解されている。紛れもなく、ここにはイエスの現状認識、つまり行くべき世界、社会は群をなす狼が待ち構えており、危険と暴虐が満ち満ちている。それ故にこそ、そこで働く者に求められるものは、蛇のような冷徹な賢明さと、鳩のような純真さである。実はここで使われている蛇のようなφρόνιμοςという言葉はφρονεῖνに由来するものであって、様々な訳が可能である。分別ある、わけ知りの、賢い、思慮深い、慎重な、用心深い、利口な等々である。また鳩のようなἀκέραιοςとは混じり気のない、純真な、素直な、従順な、無邪気な、やさしい等々を意味する言葉である。（なおここで付言すれば、ἁπλοῦς＝単純な、単一な、純一な、ひとすじな、一途な、素朴な等々を意味する言葉を当てている写本Dの存在である）。

田中は、明治四十三年十二月三十日の日記を、世襲財産的宗教の革新の構想を語ることを以て始めている。そしてその後「悔へ改めざる仏教徒」と題する短文をものしている。それに依れば、東洋の現在の堕落状態は、宗教の力の弱きが故である。しかしその強弱は、進取の気象の多少に関わるのであって、仏教の消極性故に、キリストを信ずる西洋の進取貫徹信仰（十字架に至る）に敗残してしまったのである。日本は「其形ニ顕ル処ノミ西洋ヲ信ジテ原因ヲ学バズ。結果ヲ学ンデ根本ヲ学バズ。心ニ弱キヲ学ンデ形ニ強キヲ学ブモノナリ。之レ日本今日のメツレツタル所以ナリ」、という。和魂洋才、脱亜入欧の批判と読み取れよう。そして「キリスト曰ク、表ハハト鳥りの如クヤサシク羊ノ如ク穏カナレ、心ハ蛇ビノ如クカシコケレ、ト賜ヘシ如ク、人ハ礼ヲ以テ人ニ対シ、神ヲ敬ス形容穏ナナリ。心神ニ従フ、神ノ見ル処ニ恥ヂズ。一室ノ内ニ独リ神ヲ信ズ。心已ニ神ニ合ス。強キコト之レヨリ強キハナシ。日本今之ニ反ス。悔ヘヲ改メザレバ亡ブ。仏教ノ徒之ヲシラザルニアラズシテ之ヲ改メズ。……然レドモ亦東洋諸国表面羊の如くはとの如し。只心を蛇びの如くせバキリストの教への如くなり、表面形の弱さのみを見て以て悔らバ、又大いなる誤りならずや。支那、孔子の教への弊ニ流れて形容礼節厚し。曰く謙譲、日日三省我身。形の穏なるはとの如し、羊の如し。而して内容亦形の如きニ到れり。すべて造れる礼容ハ大弊ニ陥る。キリストノ此教ハ反対地ニ踏ミ込ムトキノ臨機ノ心得ニ過ギズ」（⑪六〇一頁以下）。西洋のキリスト教を背景とした植民地主義とそれに席捲される東洋の現実への彼の歴史意識はまことに鮮明である。

⑫「わが母とは誰ぞ。わが兄弟とは誰ぞ」(マタイ12:48)

イエスの両親・兄弟など家族関係について知り得る史科は、極めてわずかで(参照マルコ6:1以下、マタイ13:54以下、ルカ4:16以下)決定的な事は何もいえないのが実状なのである。女性の名前としてのマリアも、極く一般的、平凡なものであり、従ってイエスの母マリアなる実像を描く事は事実上不可能なのである。カトリックの「聖母マリア」なる特別な崇拝は、何ら聖書的根拠を持つものではなく、ましてそのドグマとしての「無原罪説」は一八五四年に、「聖母被昇天説」は一九五〇年に確定されたものに過ぎない[註17]。生殖の地母神信仰、母性崇拝のキリスト教への応用、転用である事は明白である。

田中は一九一一(明治四十四)年、七十歳という高齢にもかかわらず、栃木・群馬両県の諸河川の調査に余念がなかった。三月二十三日に到り、七年間執ように続けられていた田中に対する巡査尾行が中止される、という通知を受けとる(⑫九六頁)。しかし、この年五月九日~五月二十一日のノート(⑫一八一頁以下)によると、五月十二日には、「皇太子殿下ノ来ラル、トテ御厨警察部ハ田中正造ニ退去ヲ要求ス」とあり、依然として、要注意人物、危険人物としての取扱いを受けている事が判然とする。そのような中でも、彼に信頼を寄せ、協力する者多数集まり、賑やかな集会が持たれる。村役場がその教場となるといった具合である。そこで彼は、四海皆兄弟、社会皆兄弟と感得し、しかも次の様な注目すべき言葉を残している。「人ハ万物中ニ生育せるものなり。人類のみとおもふハ過りなり。況んや我独りとおもふハ過りの大へなるものなり」。そして更に、「我と道を同ふするもの八即我父我兄弟なり。たとへ血を同ふするとも道ち同じからざれバ我父母ニあらず、我兄弟ニあらず」と。ここには極めて今日的意味を読み取る事が可能であり、環境倫理学ともいうべきものの先取的言辞や人類のグローバルな生き方をも提起するものと理解出来るであろう。少なくともこゝには、人間を「万物の霊長」とするといった思い上りはない。

⑬「種まきの譬」（マタイ13：1以下）

譬をどのように解釈するかは、多くの困難をともなうものである。それを語る人とそれを聞く者との主体的、客観的状況はいう迄もなく、それらを包括する大状況への顧慮は必要不可欠である。言葉というものの本来持っている「具体的状況」の把握は、その理解と解釈にとって無視出来るものではない。語る者としての主体は、己が置かれた客観との関わりにおいて語るのであって、たとえ相手が眼前に存在していなくとも、言葉は空虚へ向って発せられる事はないのである。譬話においては、殊の外この事が注目されなければならない。福音書の成立を顧慮する時、イエスが語り、それを現実に聞いた人（びと）が存在し、理解し、記憶にとどめる。それを伝える、(口伝としての伝承)、時代に従って文書化がなされる。しかもそれは単一ではなくて、複数での存在が予想される。何故なら、理解も解釈も多様性を想定するのが当然だからである。福音書は、実はこの多様な文書からの取捨選択によって形成されたものである。

今日の新約聖書学の常識に従えば、福音書の原型としてのマルコ福音書が作られそれを大枠として更にイエスの言葉集（便宜上、Qと呼ばれる）を共通の史科とし、それぞれの特殊史料を加えつつ、マタイ、ルカの福音書が編集されるに到ったのである。これを図示すれば次の如くである。

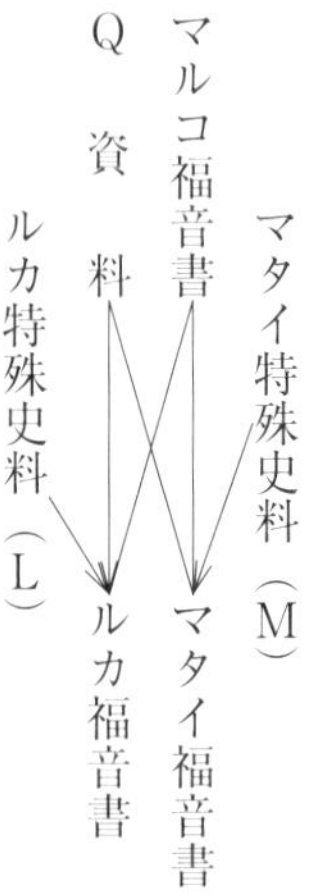

編集者が単数か複数かも判然としないが、編集作業には、何れにせよ、それなりの方針意図があるのは当然である。時代の移行経過や変遷と共に、歴史的、具体的状況は忘れ去られそれと共に、自らが置かれた時代的状況が前面に出るようになり、それを強力に反映するようになるのも止むを得ない事である。歴史の現在化である。解釈に対する解釈もまた必然である。一つの出来事、一つの言葉に対しても同様である。解釈者が自らの解釈の決定を下せないままに推移する事さえ考えられる。

この「種まきの譬話」はその典型である。様々の解釈の混在である。譬の用途、目的、結果、意味、しかもその対象すら、群衆と弟子たちとに別れているのである。

たゞし、田中の解釈は明解である。田中は自らの活動を伝道と名付けながら、訪問や演説によって金銭を得る事が多かった。これは「只正しき弱きものノ身方ほしさと、一方ニ伝道ハ兼ねて熱心したに外ならぬ」のであって、「然れどもありがたき聖書の教ニも、悪しき土ニハよき種まきても生ぜぬとのたとい、……イカニモ解し得て候。畢竟生ハ悪魔泥棒の多い方向ニ進撃を好めるへきあり。かの泥棒の巣窟及其同志及其近所ニ向って泥棒除けの祈りをもなすので、無功の多いのも自然でしょう。此極端なる、解せぬも無理なし。同志の逃げ去るも道理です。よき土とハ正敷弱き労働人民の方面ニあり。今よりハ此よき土の方面ニ尽して、悪土の泥棒の威し且つ捕へて改めさせるると、弱きものを助くるの一方ニいたします。是れ常人の義侠ハもとより神・愛なるものに遠く及バざるを自覚いたし候。深くハ考へざる、其侭と候」(⑰No.2773)。寄附や金銭の集まりの不如意はともかく、離反して行く同志に対する同情と、哀惜、そしてこの事に関する自省をしたためるのであった。

⑭「五つのパン」の奇蹟物語（マタイ14：13以下）

田中はイエスの事蹟（行動）を取り上げる事を余りしていない。この物語への言及は、一つには恐らく、谷中残留民に援助を惜しまなかった水野なる人物への礼状をめぐるものである。「五ツノパンハ神秘なり。一葉（引用者註：礼状）ハ四百五十戸。活きる基、神の事ハ真理なり。五ツも一万人にせるも自由なり。タトヘバ五千人分のパンアレドモ、与ヘザレバ一人の腹するニ足らず。五千人ニ五千人分のパンアリトモ許シナケレバ食スルヲ得ず。真理は帰一」(11)二一八頁)とある。

他は、一九一三(大正二)年三月十三日のこと、東京で渡辺政太郎方に宿泊したおり、能登の人から、「骨董屋の詐欺的行為と僧侶の金銭取立てを信者にせまりし言葉を」聞かされた。想い出してみると、田中にも旅籠屋に泊ったおり奢侈的生活をし、一泊五拾銭という普通生活費の三倍を支払った事がある。「日本最高等ニ到らずとも中流以上の奢侈生活の食料ハ一食金五円位の人の中に多しと。之を下級民の一日食料金三銭より四銭位ニ比せバ奈何。高等奢侈ハ最下等の五百倍の食ヲムサボル。五百人分ノパンヲ一人ニテ食フト同じ。キリスト或ル会場ニアテタル野原ノ聴衆及信者の五千人ニ、五ツノパント五つノ魚ヲ分ケ与ヘタリトアルハ、右五百人分ノ食料ヲ一人ニテ食フニ反対セルモノナリ。疑フベキニアラズ。而モ信仰薄キモノハ、キリストノ奇行ヲ怪メリ。理想ヨリセバ五百人分ノ食物ヲ一人ニテ食スルモノハ、此外ニ於テ尚怖シキ悪影響ヲ流セリ、何ンゾヤト云ハバ、凡五百人ノ食ヲ一人ニテ食フモノハ、五百人ノ食ヲ奪フ道理ニテ五百人ハ飢ルナリ。一日三回五百人ヲ飢スモノナレバ、数十日の後チニハ五百人を餓死セシムルコトトハナレリ。語ニ曰ク、一人貪慾貪戻ナレバ一国乱ヲ作スト。誠ナルカナ」と書き、そういえば三年程前、日暮里の逸見斧吉の家で、安部磯雄から聞いた事があったが、「……今ニシテ尚此言ノ理ヲ解シ疑ヘナキニ到レリ。キリストは教化ノ方法ニ於テ然ルモノ多シ、化の善化、善化ノ神速神明ナルモノナリ。恰モ光線ノ熱ニ染ミ又ハ雨露ニ万物ウルオー如ケシ」（⑬四三〇頁以下）と結んでいる。

⑮「口に入るものは人を汚さず」（マタイ15：11）

「キリストの言葉に口ちより入るものは問ふものに付ての答なり。問ふものあまりに愚なる問、痴なる無必要の問に対して、最も近き分り易き答へをなせしものなり。夫れ口ちより入るものは人に害なしと云へしなり」。これに付け加えての田中の言葉は、誠に妙である。曰く「未だ之目より入るもの、耳より入るものは害なしとは云はざるなり」（⑪二九〇頁）と。まさに「聞く耳ある者は、聞くべし」である。

明治四十四年四月十八日の日記の文章もまたまことにユニークであり面白い。「口ちニ入りたるものを悉く身体の血ノ肉すべての養へ、すべての栄養、すべての生育の資となさんとせバ、却て身体のすべてハ腐れ破るゝなり。其内の幾分をしらべ、きよめ、いら（選）み、取るハ取り、すつるハすつるを以て、正しきもの清きもののみ止まりて、血となり肉とも骨ともなるなり。世の我慾強きものハ口ちニ入るすべてを出だす事をしらず。ふんまでも出すを嫌ふなり。此くの如き人々多数とならんか、社会ハ腐れ、国家は亡びるなり」（⑫一一九頁）。

⑯「この類は、祈りと断食とによらずば」（マタイ17：21）

ここでわれわれは、岡田虎二郎[註18]の存在に注目する必要にせまられる。

花村富士男[註19]によると、田中は明治四十三年岡田に師事するに到った木下尚江に紹介され、この岡田式静座法を修業する事となったのである。

田中自身の解説によると、当時この集まりは上野谷中拐伽山天眼寺から、日暮里の本行寺に場所を移して行われており（⑫三三二頁）、ベークマンというドイツ人の教導による腹式呼吸で禅の臍下丹田ともいうべきものである（⑫一一二頁）。参加者の質問に対する岡田の応答は次のようであった。「七情を和する目的なり。恰も音楽のしらべの如くするを目的とするにあり。病を治するものにあらず、自然に病も癒るに至らんとするのみ、其結果は万事に及び、万端の発展となるなり。医学、政治、教育、総べて改良の緒を開くなり。但し古人曽て論じてある事多し、今予は之れを総べてまとめて、其真理の一即ち一以て之を貫くにあり云々」（⑫二三八頁）。また曰く、「浮まんと欲せバ先ヅ沈む事を学ぶべし。水を遊泳するもの丹田ニ気を入れて、而してのち遊泳セバ浮む。もし丹田を虚のまゝニせバ頭重くして沈まん。之れと同じで、身を立てんとするものハ先沈むべし。沈む事をつとめバ浮バざらんとするも浮むなり」（⑫二五九頁）。

この健康法によって、田中は「神気揚動の力」（⑬九八頁）にあふれ、「七十の老躯、健康ヲ学ブハ、一に精神の健康ヲ学ブニアリ」と悟り、その結果「功ハ著シク、今や一時間ノ演舌ニ疲労ナシ。音声減ゼズ。之レ自ラモ驚ク処ナリ」（⑫二七一頁）。これは酒の力を以てするのと違い、飲み過ぎもなく、酔いもない。「静座の道は過ぐるなし。之を耕作ニたとふ。酒は肥料なり。静座ハ耕作の方法なり。方法よろしきニ過ぐるなし。熟練せバせるほど上達し、肥料過ぐれバ倒る、なり。倒るゝハ酔ふて斃るゝ同じ。されバ酒は禁ずして適度ニ用んか。曰く然り。然れども快楽を禁ずる能わざるを以て、むしろ酒を禁ず。肥料に異るハ此一点にあり」（⑬一〇八頁）との偶感をも述べ、その尊敬の意を「キリスト岡田ノ写真」（⑫三三三頁）とさえ呼ぶに及んでいる。

田中の死因は、胃癌であった。その前兆は幾度となく現われ、入院も度々であった事は知られている。その彼にとって、「断食」もその効用の一つであった事は疑いない。田中はこの岡田式（田中は、岡田神呼吸と書いたり、静座法とか、健康（全）法とか、精神修養静座丹田呼吸の術とか様々に呼んでいる）によって、「飯一杯にても足らん事の思想」を身につけ、「空腹の到るとき深き呼吸せバ一時を償な」うという減食にも成功、遂に「断食」をも実行するに到る（⑬五三九頁以下）。ただし、「成否ハ未ダシナレドモ」とも付言することも忘れてはいない。

晩年の日記に、「予近来岡田氏の静座により万事の発展力を為せり。新井翁の聖書ニよりて日ニ三度省ルノ心ヲ失ハシメズ。逸見君ニよりて日新月歩ノ思ヘアリ。木下氏によりて旧套ヲ捨ツル尚弊履ノ如キヲ学べリ」（⑬五〇二頁、一九一三（大正二）年六月一日）とするす時、これら四人のそれぞれが田中に与えた影響の大きさ深さに対する感謝の表現と受取るべきであろう。

なお、ここで付言すれば、「このたぐいは祈と断食とによらずば云々」（マタイ17：21）は、写本上混乱があり、有力写本に欠如しているという理由の故に、疑問視され省略されたり、現行の新約聖書（日本語訳ばかりではない）のように、「」が付され、テキスト上問題があることを明確にしている。この理由はイエスの言動とその思想性を巡る判断と評価の混乱期を示すともいえよう。未だカオス状態から一種の結晶化へ脱却する過程にあり、ましてや古カトリック的思想的統一への途上時をも明らかにするものであろう。

イエスの言動は、反ユダヤ教を明確にしたものであった。とすれば、彼の言動は律法主義、業績主義、倫理主義に対する挑発であり、アンチ・テーゼであった。だからこそ彼はユダヤ教からの断圧を受けたのであり、祭司階級のみならず、律法学者からの反発や非難を味あわなければならなかったのである。別言すればそれはユダヤ教の指導層を形成していたサドカイ派やパリサイ派に共通していたイデオロギー（律法主義）に対する挑戦に他ならなかった。その最終戦はイエスの「宮潔め[註20]」（マタイ21：12以下）といわれる事件である。ユダヤ教の神殿は、ユダヤ教の信仰、行政、経済の中核的存在であった。それに対する明らさまな攻撃を誰が許し得よう。挑発行為以外の何物でもない、とすれば十字架は、彼にとっていわば必然の成り行きであった。

福音書は、テーゼとしてのユダヤ教と、それに対置するイエスのアンチ・テーゼに満ちているのは当然の事なのであり、山上の説教として集約された箇所にも反復され、特に「祈り」や「断食」についてのイエスの言葉はこの点でも注目しなければならない。「断食」についていえば、イエスが「大食いで、酔っぱらい」（ἄνθρωπος φάγος καὶ οἰνοπότης）（マタイ11：19）と罵言を浴びせられた事実も、彼の言動が如何に異常なものと映ったかを明らかにしてくれるであろう。

このように見てくると、次の様にいう田中とイエスの思想の巨たりは誠に大きいといえるであろう。「人ニして最も強き力を得るハ何か。曰く、断食なり、断食より得たる力らなり。長き断食の力らハ深シ、短き断食の力らハ浅し。断食して祈りせざるものの如きハ、未だ力らを得るのよしなきものなり」（⑬四～五頁）。修行主義の傾斜は深く、それ故に宗教と倫理との関係如何の問題が、われわれの前に置かれている、と受けとめる事が出来るであろう。

⑰「富める者の天国に入るは難し……駱駝の針の孔を通るかた反って易し」（マタイ19：23、24）。

これを耳にしたイエスの弟子たちは、文字通りびっくり仰天し、打ちのめされて茫然自失の状態になったという。（ここで普通、「驚く」と訳される *ἐκπλήσσομαι* は、打ちのめす、自失させるという意味で、強い狼ばい、当惑と困乱の状態を示す言葉である。ルターは、ganz besturzen と訳している）。何故か？　それはユダヤ教のドグマからは夢想だに出来ない、余りにも異常な言葉であり、救いを求めてイエスの下に来た「富める青年」（マタイ19：16以下）と同様、人びとにとっては、「つまずきの石」であった。しかし、田中にとってこれは「誠にありがたき確言なり。之れ誠に誠に神の言葉なり。争ふの必要なし」（⑫二七四頁）との断言であり、全面的な肯定である。

⑱「されど多くの先なる者後に、後なる者先になるべし」（マタイ19：30）

田中はこれを精神修養の点から捕え、次のように云う。「キリスト曰ク、前なるもののちとなり、のちなるもの先きとなると。充てるも欠けれバのちとなり、充ちざるも欠けざれバ欠くるにまさる」（⑬三四〇頁）。勿論、これも解釈の自由である。

⑲「されど終まで耐へしのぶ者は救はるべし」（マタイ24：13）

明治四十二年、六十八歳の田中は、治水論を中心に方々で演説を重ね、渡良瀬川改修に対する反対運動を展開していた。八月五日埼玉県の利島村の野中方に一泊し、股引襦袢の洗濯をしてもらっている。訪ねて来た人びとの対談が行われてそこで語った言葉が、「教に曰く、終りまで遂ぐるものは天の父の報を得んと。夫れ然り。人もし終りまで欺かるゝものは、終りまでさとらず」と彼独特の解説が続けられる。すでにして三十年にも渡って欺かれ続けている鉱毒水害地方人民は、「尚之を覚るの知恵なし。之を何にたとへん。人にして無感覚のものは何を説くも耳に入らず、目にも入らず。目なき耳なきものには、いかに説くも無益なるが如し」との嘆き、同情と憐れみと失望の念の吐露であった。しかし彼は悲嘆で終る事はなかった。「然れども説くもの教るものは益のある所のみに向って説くにあらず。神は益する所を選んで照らさず、益ある所のみ雨降らず、瓦石の上河原の上にも雨降り、不毛砂漠にも月を照らされ賜れなり。神の目神の心は是れ等の小区別によりて愛憎褒貶を異にせず。只一帯に広く愛育せり」（⑪二九二頁）と。神へのあくなき信頼を示しながら、なおも、「終りまで人に忍び能はざるを忍ぶもの、即ち天地と生命を同ふするものにして、其言行天地に以て其実行日月の如き、天に於ては畢りなきもの、人におへても終りなきものなり。神の如きものなり」（同二九三頁）との自己確信を堅持する事を忘れてはいない（参照⑲ No.4580）。

⑳「なんぢの剣をもとに収めよ。すべて剣をとる者は剣にて亡ぶるなり」（マタイ26：52）。

先述したように、田中は無戦論の強力な主張者になった。トルストイから学ぶという、当時の状況を無視は出来ないであろうが、彼が聖書から学んだ最も重要な、印象深い言葉であったであろう。「教へて教へられ、強て教てハ、又強て教へらるるに至る。もし腕力以て干渉することあらんか。又必ず腕力以て報へらる。聖書に刃を以ってせバ、刃を以って報へらると」（⑫二六一頁）。教育も、言論も思想もまた自由でなければならない、というのが彼の主張である。

㉑「われ神の宮を毀ち三日にて建て得べし」（マタイ26：61）

この言葉自体、史料的に見ると、混乱している。その原形であるマルコ福音書には「われは手にて造りたる此の宮を毀ち、手にて造らぬ他の宮を三日にて建つべし」（同14：59）、とある。共観福音書の一つであるルカ福音書はこれを欠如しているのである。

何れにせよ、マルコ・マタイはイエスの裁判に当って、イエスを様々の律法違反と瀆神罪によって起訴し、処断しようとするユダヤ教側の証人の証言として描いているのに対し、ヨハネ福音書では、「宮潔め」の時点でのイエスの言葉として用いながら、イエス自身を「神殿」とする特異な把握をしているのである（同2：19〜21）。

勿論、イエスの裁判をめぐっての叙述は、マルコ福音書を基調としながらも、その福音書の性格的特徴、つまりマタイは主としてユダヤ人をその宣教の対象とする故に、旧約聖書を多用しながらユダヤ教への弁明と弁証にアクセントをおき、またルカにはローマを中心とし、ローマ帝国内に散在するユダヤ人以外のいわゆる異邦人を念頭におき、従ってローマ帝国との妥協、そしてその協力の下その政治権力との調和を図るという動機の存在を無視するわけにはいかないのである。だからこそ、イエスに対する処刑をめぐって、いまだに論争の余地を残すというアイマイさとなっているのである。その裁判上の手続きと方法、その権限、責任の所在等をめぐってである。ユダヤ教側の関わりと責任を言挙げすることは、今日迄取りもなおさず、反ユダヤ主義の主張の温床として作用して来た[註21]のである。

田中が、このことを認識していたはずはない。ただあるのは、現在の形式化し巨大化した、そしてそれ故に空疎化し、堕落してしまっている宗教の改革と新しい創造であったに違いない。「手ヲ以テ造クレル宮ヲ毀チ、三日ノ間ニ手ヲ以テ造ラザル宮ヲ造ルベシ。キリストハ世界第一ノ大ナル宮ヲ造クレリ」（⑪二二一頁）。

㉒「エリ、エリ、レマ、サバクタニ、わが神、わが神、なんぞ我を見棄て給ひしとの意なり」

（マタイ27：46）

死の直前、十字架上のイエスの叫びとして有名である。この解釈もまた多義にわたる。旧約聖書詩篇[註22]の初めの言葉であり、しかもそれはダビデが最後の救いと勝利に対する感謝を表白したものである故に、それは決して絶望ではなく、勝利の賛歌である、と通常は理解されて弁明される。

田中がこれを最初に引用しているのは、一九〇三（明治三十六）年七月であった（⑩四六四頁）。島田三郎が同年五月二十八日に議会に於て、行った足尾銅山鉱毒に関する質問演説に対して、六月三日、政府は鉱毒調査委員会の調査報告書を発表し、谷中村瀦水池案が浮上することとなった。それは田中にとって「呆れたもの」（⑮No.1387）でしかなかった。七月四日の潮田千勢子の死去は、彼を更に甚だしく悲しませる出来事であった。彼女は、日本キリスト教婦人矯風会の創立者の一人、また会長として鉱毒被害に立ち向かう田中の最も良き理解者、協力者として、終止変わらなかった。「大恩人たる潮田千勢子様御病死」は「神に祭る」に値いする、と考える田中であった（⑮No.1400）。

また九月二十三日になると、自前で復旧工事中の谷中堤防が洪水によって流失するという悲惨を味わう。幸徳秋水、堺利彦、内村鑑三の万朝報退社という「悲ミニ不堪」（⑯No.1472）の出来事が起ったのは同年十月であった。落胆の材料は重ねて起るものである。「我神、何ゾ我ヲステ賜フヤ」（⑩四六四頁）と、慨嘆せざるを得ないではないか。

一九〇七（明治四十）年六月二十九日から一週間に渡って、谷中村残留民に対する強制破壊が施行されるに至った。八月二十五日、荒畑寒村が「谷中村滅亡史」を刊行するが、即日発売禁止の憂き目にあう。田中は記す、「下野を沈澱池とす。組織的罪悪、谷中村は財産の全部収用、故に村を潰すは人を潰すなり。……神はよく人を容れ、又よく人を捨つ。何とて我を殺し賜ふやとは叫び得るものなし。肉の苦痛を叫ぶ、精神の苦痛にあらず。精神の苦痛は肉に病む。肉の苦痛、精神を痛む」（⑪八五頁〜八六頁）。「キリストも死にのぞみて曰く、神よ神よ何とて我れをすて賜ふやと。之れ死を悲むニあらず。社会を悲みたるに過ぎず候」（⑯No.2165）。

(2)　その他から

㉓「人その友のために己の生命を棄つる、之より大いなる愛はなし」（ヨハネ15：13）

一九一一（明治四十四）年七月二十一日の日記には、前述の「キリスト岡田の写真」を（恐らく眺めながら）、岡田氏との出会いを待ち焦がれている様子が書かれ、「信仰ノ厚キ」を憶えているようである。しかもなお、「キリスト尚一層しらねばならぬ。しれバ信ず。信ぜバ厚し。厚ければバ仰となる。信仰茲ニ備る」としるしながら、救世軍、山室軍平の「平民の福音」を十銭で、新約聖書を五銭で、その他パンフレット類を二十銭で買ったことをノートしている。ソクラテス、孟子、孔子、菅原道真等々を引き合いに出しながら、キリストの十字架に迄思考を巡らす。バプテスマのヨハネが捕えられ処刑されて後、公けの活動に入ったキリストは、すでにして十字架に付せられることを熟知していたが、それは神が知らせたからである。にも拘わらず、キリストが之から去らずに（逃れずに）、この災いに逢われたのは救世のためであり、「之れ神のキリストニ許す処なり。神ニして神ニ許す処なり。キリストニあらざれば許さゞるなり」。田中はこう断言する理由を明確にはしていないが、菅公やバプテスマのヨハネの死は、小事であり、何故かといえば、「神の許し賜へしものニあらず、人のゆるす処あるのみ」だからである。「キリスト神ニ能ハざるなり。愛スル子ヲ鞭つ。困難ハ神ノ愛、銀ヲトラカス。トラカシテ純白トス。……救ハシテ救フ。左レバキリストノ如クナルべシ。已ニ神ノ愛ヲウク。又何ンゾ他ニ需ムルコトアランヤ。受クルヨリハ与フルハ幸ヘナリ（使徒行伝20：35、福音書以外にわずかに残されているイエスの言葉「与ふるは、受くるよりも幸福なり」の引用か）。そして最後に「人其友ノタメニ生命ヲ棄ツ、之ヨリ大ナル愛ハナシ」と書き、「西郷の事跡、伊地知正ハルノコト、第二ニハ月照ノコト、第三私学校ノタメニ死ス」（12）三三頁〜三三七頁）、と恐らくはキリストとの同じ死に方と捕えて称揚しているのである。このような理解が贖罪としての十字架のそれと解釈する伝統的キリスト教と直結し得るかは、疑問なきを得ない。

㉔　「凡ての人、上にある権威に服ふべし。そは神によらぬ権威なく、あらゆる権威は神によ

りて立てらる[註22]」（ロマ書13：1）

このパウロの言葉が歴史上果して来た役割は極めて甚大である。それは古代中世の王権神授説にも似て、権力者にとっては、自己自身の権力の基盤として保身の根拠に他ならず、彼に逆らう者にとっては、排除や迫害・断圧の口実として作用するものであった。こうして政治と宗教は共働し、「正統と異端」の判別に断を下したり、時にはまた叙任権をめぐる同志討ちを演ずるなどの見苦しい争いをも惹起することともなった。この様にイデオロギーとしての強力さは歴史を貫通して、さまざまの自由を求めての長い、忍耐強い抵抗運動、異議申し立てとしてのさまざまな闘争を生み出し、幾多の尊い血が流されたことは記憶さるべきであろう。パウロはそのイデオローグの役割を果したのである。いわゆる信仰・宗教・信条・思想の自由など抵抗権をめぐる激しい戦いの歴史である。勿論、これをパウロ個人にのみ帰すことは公正を欠くであろうが、これは歴史の事実である。

田中が、この言葉を聞き知ったのは、一九〇九（明治四十二）年八月二十七日であり、それを語ったのは原田定助であったという（⑪三〇六頁）。田中が再びこれをしるすのは、一九一一（明治四十四）年十一月四日の事であった。そこでは山上の説教中にある様々の戒めが続けられ、「聞く処悉く信ズルナカレ。知ル処悉く云フナカレ。古人、酒入り来ルトキハ智出デザル。シマダ」と、録しているだけである。この付言は微妙であるがどう解釈すればいいのか。様々な感想、思念（恐らくは、この言葉に対する否定的な多くの反応や疑念）が浮かんでは消えして、断定的な信念を披れきするには、躊躇せざるを得ない何か（主体的にも、客観的にも）存在していたのだろうか。それとも、明確な知見に到らなかったという事だけであろうか。

下野の百姓として、若くして名主となり、更に多くの名主たちのたばね役としての割元を父親から引継ぎ、小さいながら村の政治に直接責任を負う立場に、若い頃から立たされた田中であった。「栃鎮」とあだ名されながら自由奔放に悪と戦った栃木県会議員、そして議長としての活躍、自由民権運動との連帯。政党運動での働き、代議士としての政治への直接参加、そして辞職。鉱害運動における指導、その間の数度にわたる入獄等と、いわば彼は「政治」のプロとしてこの世界の裏も表も熟知していた、というべきであろう。その彼が、この言葉に出会った時の反応如何と思うのは当然であろう。しかし残念ながら田中が原田から聞いた時の恐らくは衝撃ともいうべきものは、直裁には伝わって来ない。日頃の冗舌ともいうべき彼の語り口は、ゆったりとした、しかもあいまいともいうべきものである。「人ニ強弱アリト云フコトヲ、人ノ弱キヲ笑ふなかれ。人ノ強ヲ妬むなかれ、弱キを排除し、強きを憎ミ恐れ妬まば、我身ハ何れの処に位置を立て、何人とともとせるか」（⑪三〇六頁）。思い余った果ての嘆きだろうか、いかにも歯切れが悪過ぎるではないか。さらに、「一日十里を行くものあらバ我ハ之を二十里行かん。人二十里を行かバ、我ハ四十里を行んと」（同上三〇七頁）にいたっては、一種の敗北主義とも受け取られかねないものがあるだろう。

㉕「汝等おのおの己のごとく其の妻を愛せよ。妻も亦その夫を敬ふべし」（エペソ書5：33）

キリスト教の結婚式で、よく読まれる箇所である。田中が伝えるキリストの後のペテロの言葉としての、「妻を敬う事命ちの恵みを嗣ぐものの如くすべし」（⑪三六二）は、直接には、そのままの言葉としては見られない。夫に対する勧めは、「汝らおのおの己のごとく其の妻を愛せよ」（エペソ書5：33）か、単に「その妻を愛せよ」（コロサイ書3：19）である。ペテロ前書は、「夫たる者よ、汝らその妻を己より弱き器の如くし、知識にしたがひて偕に棲み、生命の恩恵を共に嗣ぐ者として之を貴べ、これ汝らの祈に妨害なからん為なり」（同3：7）という。

田中の女性論は、別に論じる必要があり、それだけの価値があるように思えるが「貝原益軒先生の女大学夫ハ天の如しと。正造ハ曰く、婦モ亦天の如しです。正造も今より妻を天の如くいたします」と誓い、親鸞上人が奥殿ニも燈明を照らして拝礼したことをあげ、「夫モ仏ケ婦モ仏け」という言葉も残している（⑪三六三頁）。事実、彼は男女同権を掲げ、「男権の弊」から齎らされる怖るべきことを、婦人たるものは退治すべきであり、単に婦人の矯風のみをもって解決し得るものではないことを見通してさえいるのである（⑪三六四頁）。まさに卓見である。

むすび

さて、こうして田中正造全集にあらわれている聖書の言葉の一つ一つの具体的検証を通して明らかになった事は何であろうか。いえる事は彼は幸か不幸か、教会・無教会とを問わず、様々のキリスト者の個人、グループに接し囲まれながら、何ら既成のドグマ（それは、勿論伝統的キリスト教の思想・信仰・信条をも含めて）にとらわれていない自由な境地を堅持していることである。彼が、キリスト教の演説会や伝道集会など、教会にも出入りした事は事実であるにしてもである。

彼が木下やその他の人達と討論を繰り返したことも知られている。彼が好んだのは対話であったようである。独善に陥ることの危険を十分に知っていたように思われる。だからこそ、人びととの出合を喜び、それが不能の場合は、手紙によってという具合である。

われわれは、これ迄のところ、イエスとキリストとを併用し、何ら特記する所がなかった。しかしイエス・キリストという表現は、歴史上の一個人の単なる固有名詞ではなく、イエスをキリスト（ギリシャ語 Χριστός の音写である）、すなわちメシア（救世主）とする信仰、一つの解釈に基づくいい表わしなのである。しかし人々は、今日でもそれを余り意識せずにイエスとキリストとを交換可能と考え、いつでもそれぞれを代替させてしまう。端的にいえば、以上から明らかなように、伝統的なキリスト教は、イエスをキリストとする信仰と告白の上に成り立つ宗教なのである。この事がとりもなおさずユダヤ教の聖書をいわば「旧い契約」として廃棄せしめ、イエスをキリストとする「新しい契約」によって、新約聖書を成立[註22]せしめた動機である。

そもそも新約聖書とは何であり、どのようにして成立したのか。大別して、イエスの伝記と考えられる「福音書」、弟子たちによる「伝道旅行記」（使徒行伝）、そして弟子たちが伝道した地域（ロマ書は例外だが）の教会や個人宛ての「手紙」（ヨハネ黙示録も含めて）の二十七巻から成り立つが、その内容を一言でいえば、イエスをキリスト（メシヤ＝救世主）とする人々の告白と証言集である。プロパガンダを意図した一つの明確な傾向文書（Tendenz-literatur）なのである。これは正典としての成り立ちを見れば明らかである。そこでは信仰の規準（正典を意味するカノンは、元来規準を意味するギリシャ語κανώνに由来する）が確立され、それは内的にも、外的にも「使徒的であること」、つまり、キリストを証言するものであり、実際には、初期カトリシズムによって、二世紀末に成立した「古ロマ信条」（原行の「使徒信条」の原型を成す）に一致することが要請されたのである。

この規準は、正しく権威そのものであり、それに依って「正典」と「外典」もしくは、「偽典」とに様々な文書は選別されるに到り、結果的には「正統」と「異端」との峻別を齎らす事となった。ありていにいえば、先にドグマありき、というわけである。原始キリスト教、古カトリシズムはまだ混沌とした星雲状態から脱し切れなかったにもかかわらず、この未分化から結晶化へと押し進めたのは、コルプス・クリスティアヌムを意図する政治勢力との結託に基づく統合と絶対化の作業に他ならなかった。権威は、まさしく権力であった。教会と聖書との関係は、相互に補完するものとして「後なるものは先に、先なるものは後に」であり、鶏と卵とのそれにも相似するものであろう。しかし、われわれは今や著しく近代的批判的学問の洗礼を否応なく受けたものとして、教会と聖書、そしてキリスト教に対して、その学問的成果に基づく検討が不可欠である。それぞれが、聖書やキリスト教について発言しようとするなら、これらを無視することはもはや許されない。聖書やキリスト教の影響を語ろうとするなら、それらについての自己自身の理解を鮮明にすることが、先ず必要とされるであろう。これを欠いては、実りある討論を期待することは不可能だからである。

いずれにせよ、田中正造の聖書理解は、「啻に書籍上のキリスト様よりハ、キリストの真実と実体とを御らん被遊度」(⑯No.1523)と念じつつの聖書(キリストの教え)の実行に集注していたといえるであろう。

主要参考資料

田中正造全集編纂会編「田中正造全集」全十九巻、別巻一（一九七七〜八〇年、岩波書店刊）
田中正造選集編集委員会編「田中正造選集」全七巻（一九八九年五月〜十一月岩波書店刊）
木下尚江「田中正造翁」大正十年新潮社同上覆刻版木下尚江著作集第十三巻昭和四十六年明治文献
木下尚江編「田中正造の生涯」昭和三年国民図書（株）、同覆刻版文化資料調査会昭和四十一年
島田宗三「田中正造翁余録」上、下巻一九七二年三一書房

註

1　ここでいう「新約全書」とは、一八七二（明治五）年九月、横浜で開催された在日宣教師会議で新約聖書の日本語訳が決議され、S・R・ブラウンを委員長とする聖書翻訳委員会が結成された。著名なJ・C・ヘボンをも加え、日本人助手として植村正久、井深梶之助らが参与し、一八八〇（明治十三）年四月に出版記念会を催すに到ったいわゆる「委員会訳」とか「元訳」とか称され、一般には「新約全書」として流布した。

2　アクビ事件は、一九〇〇（明治三十三）年二月十三日未明に発生した川俣事件（足尾鉱毒兇徒聚衆事件ともよばれる）を契機として行われた裁判中に起きたものである。
鉱毒被害民たちは警官の厳重警戒の中にも、第四回「押出し」（大量請願出京）の周到な準備の後、

鉱毒悲歌をうたいながら雲竜寺を出発した。所が利根川河畔の川俣では、警官隊一八〇名、憲兵一〇名が強力な防御線をしいて待機していた。被害民たちに対して、「警官がサーベルを揃えて、鍣をもって槍の如くにして吶喊した。また、撲るときには……土百姓、土百姓と各々口を揃えて」襲いかかったのである。（林竹二『田中正造の生涯』八三頁より引用）現場とその後の捜索によって逮捕された者は一〇〇余名にのぼった。以後「押出し」による彼らの請願権行使は大量の指導者たちの検挙と相まって挫折せざるを得なかった。彼らは従来の経験から、「乱暴をなさざること」を固く申し合わせ、従って警官たちの暴虐的弾圧にも無抵抗に終始した結果が、これであった。警察、検察側はこれを兇徒聚衆事件として即日告発し、逮捕者の中六八名を事件の翌日に起訴（予審請求）という手早い処置を取ったのである。これは無抵抗の被害民への暴力的抑圧、流血の大惨事の結末の隠ぺい的工作、と断じていいであろう。

かくして行われた第一審公判は、明治三十三年十月から前橋地裁で始められ、十二月になされた判決は、兇徒聚衆罪の成立を否定するものではあったが、その代りに官吏抗拒罪の成立を認める、というものであった。

いわゆる「アクビ事件」はこの判決が出る前の十一月二十八日、第十五回公判での傍聴席で、田中正造が検事の論告の最中、声に出して大アクビをしたのである。その論告のいい加減さに対する憤りと抗議そして軽蔑の強烈な意志と態度表明であった、と思われる。

検事は、これに対して直ちに論告を中断し、田中を官吏侮辱罪で告訴する、という挙に出たのである。

3 木下尚江「田中正造翁」一九八頁

4 木下尚江編「田中正造の生涯」三二七頁

5 同上

6 註3に同じ

7 新井奥邃については、永井忠重「新井奥邃先生」伝記叢書八二、一九三三（昭和八）年復刻版大空社（株）一九九一年六月、工藤直太郎「新井奥邃の思想」（新井奥邃の人と思想1）新井奥邃著、工藤直太郎訳「内観祈祷録」福田興編「奥邃先生の面影」（新井奥邃の人と思想2）一九八四年三月青山館（株）。

十二月七日、前橋地裁で予審が開始され、二十日、公判に送られたが、明治三十四年五月二十九日、前橋地裁の下した判決は、無罪であった。これに検事は控訴をもって応じた（六月三日）。東京控訴院は明治三十五年五月九日、田中に対して重禁錮一ケ月十日、罰金五円という判決を下した。田中は直ちに上告したが、東京大審院は六月十二日これを棄却し、かくして、田中は六月十六日から七月十六日まで、巣鴨監獄に服役する事となり、七月五日頃、更に病監に移され、そこで初めて新約全書に接することとなった。

この特異な存在については、ほとんど知られていない。しかし、この点で思想家としての田中正造を浮かび上らせると同時に、われわれの目をこの新井にも向けさせた林竹二の功績は、大きいといわなければならない。これはしかし、花崎皋平がつとに注意を促したように、林の全面的正当性を意味するものではない。(「田中正造の思想」世界、一九八四年三月、四月号)。拙論もこの論文に触発されての一つの検証作業であることは、識者には明瞭であろう。

8 逸見斧吉については、土肥昭夫「日本プロテスタント・キリスト教史論」一九八七年教文館九九頁以下参照。

9 和田洋一「正造は聖書から何を学んだか」全集月報八(一九七八年五月)

10 同上

11 日露戦たけなわの頃(明治三十八年春)、島田宗三の問いに、田中は「私は非戦論ではありません。無戦論です」と答えたという。島田宗三「正造言行録(三)」全集月報三、八頁一九七七年八月。

12 林竹二「田中正造の生涯」講談社一九七六年

13 竹内良知『「今日ハ今日主義」に思う』(月報一八(一九八〇年三月)。この田中解釈は正当と思われる。この様な彼の決意が「主義者」たちや、他のキリスト者、そして内村との政治に対する関わりの差異を生み出したと思われる。

14 島田宗三「正造翁言行録(三)」仏教とキリスト教、宗教について全集月報三、九頁一九七七年八月

15 木下「田中正造翁」一八二頁以下

16 月報二「正造翁言行録(二)」一九七七年七月

17 この点についての詳細は、拙論「ニーチェにおけるキリスト教批判の核心」(流通経済大学創立二十周年記念論文集」一九八五年十二月を参照。

18 この岡田は大変興味をひく人物であるが、不明な点が多い。リブロポート(株)から、シリーズ民間日本学者の一人として津村喬が執筆刊行の予定にはなっている。なお、「新井奥邃」は日向康が執筆者になっている。

19 田中正造全集一六巻解説六六一頁

20 いう迄もなく、当時のユダヤ教は祭政一致の神政政治が理想であった。両替え商、献げ物などの店は神殿当局の認可の下におかれていたのであり、サンヒドリンというユダヤ最高議会は、立法・司法・行政の三権を一手に掌握し、しかもその議員たちは神殿における大祭司を頂点とする祭司・律法学者たちが、その中核を占めていたのである。

21 イエスの裁判をめぐる史料は無数といってよい。主要な文献は、最近出版された弁護士の手になる次の書物を参照。W.Fricke：Standrechtlich gekreuzigt, Person und ProzeB des Jesus aus Galilaa, 1988 西義之訳「法律家の見たイエスの裁判」一九九〇年山本書店

22 このロマ書13：1以下をめぐる解釈は、誠に厄介である。しかも、この箇所の理解をめぐる問題は、只単にキリスト教の神学思想の中のみならず、政治や倫理思想そして現実に与えた影響は、はかりしれないものがあり、そして今日に於てもまたその解釈と応用はホットな、しかも焦眉の急なるものとしてその解決をまっている。残念な事の一つは、このロマ書の言葉を、税金問答に

おけるイエスの言葉「カイザルの物はカイザルに、神の物は神に納めよ」（マルコ12：17、マタイ22：21、ルカ20：25）を援用し、それと連関させ、近代的理念としての政教分離の概念をそこから読みとり、しかも一方的に政治からのそして遂には「この世」からの離脱と解釈する人たちの存在である。政治的無関心と政治への無責任、また、結果としてstatas quoの承認、エスタブリッシュメントの容認を生んで来たのである。先にもふれたように（註17の論文において）われわれは今日「解放の神学」をではなく、このような神学からの解放をこそ目指さなければならないのである。

23 細かな議論は、C.F.D.Moule, The Birth of the New Testament, 1966, 拙訳「新約聖書の誕生」一九七八年、日本基督教団出版局を参照。

第二部

(B) ニーチェにおけるキリスト教批判の核心

「すべての書かれたもののうち、わたしはただ、血をもって書かれたもののみを愛する。血をもって書け。そうしてこそ、君は血が精神であることを知るだろう。

他人の血を理解することは、容易にできることではない。わたしは、暇つぶしに読書するといった手合いを憎む。」(「ツァラトゥストラ」I、読むことと書くこと)

第一章　はじめに——方法と課題

F・ニーチェ（Friedrich Wilhelm Nietzsche,1844〜1900）という思想家は、まことに特異な存在である。つまりそれは、ほとんどすべての人びとが、当然の前提として受容して来たヨーロッパの精神と文化、その核を成すキリスト教をトータルに疑い、ラディカルに批判し、否定し、拒絶した、という点においてである。

しかし、彼を簡単に「神殺し」、「無神論者」としてレッテルを張り、片附けてしまうには、彼の思想は余りにも多岐にわたっており、一義的解釈や単純化を許すものでは決してない。

しかも、既刊の彼の著作、殊に通常、いわゆる「権力への意志」（Der Wille zur Macht）と称されてきたものは、綿密細心な文献学的研究に基づいて、ニーチェの妹エリザベートによる甚だ恣意的な編さんに依るものであることが明瞭になった今日、これがニーチェの根本思想を伝える体系的な主著と見做すことは不可能になった、といわねばならない。今やこれらは一八八〇年代のニーチェの様々な遺稿の中に正当に復元され、各種の「遺された断想」（Nachgelassene Fragmente）としてなお刊行されつつあるのである。G・コリーとM・モンチナリー（Giorgio Colli und Mazzino Montinari）を編者とするグロイター版（W de Gruyter, Berlin, 1967 ff.）全集である[註1]。

したがって、われわれはニーチェに対面する時、これ迄のさまざまなニーチェ神話や伝説から解放された自由な、しかも新しい地平に立つ事が求められている、といわねばならない。

先に引用したアフォリズム（断章的形式ないしは箴言）に続けて、ニーチェは自らを「血で箴言を書く者」（Wer in Blut und Spruchen schreibt）と呼び、彼の著作に接し、その思想を論じようとする者の対応の仕方、心構えを次のように要請している。「血で箴言を書く者は、読まれることではなく、暗《そら》んじられることを欲する。山脈の中で最短の道は、高嶺《たかね》から高嶺を結ぶ道である。だからその道を辿るには、君は長い脚を持たねばならない。箴言とはそのような高嶺である。そして箴言によって語りかけられる者は、偉丈夫（die Grosse und Hochwuchsige）でなければならない」と。

更に、彼は「深いものはすべて、仮面（die Maske）を愛する」ともいう。そしてそれは「彼の身近な者や親しい者たちも知ることができず……彼らの眼には隠されているのだ。……あらゆる深い精神は仮面を必要とする……それはかりでなく、あらゆる深い精神のまわりには、たえず仮面が生じてくる」（傍点引用者）。それは何故か。「彼が与えるそれぞれの言葉、それぞれの足どり、それぞれの生の合図が、つねに間違って、すなわち浅薄に（flach）解釈されるおかげで」（「善悪の彼岸」Ⅱ‐40）。

だから、ニーチェにとって、「多くのことを中途半端に知るくらいなら、何も知らない方がいい！ 他人の判断に便乗して賢者になるくらいなら、自分の責任で愚者に留まる方がいい！ わたしは——底の底まで極める。その底が大きかろうと小さかろうと、それが何だ？ 沼と呼ばれようと天国と呼ばれていようと、それが何だ？ 手のひら一枚の広さであっても、それがほんとうに底（Grund）であり、根底（Boden）でありさえすれば、わたしには十分なのだ！」（「ツァラトゥストラ」Ⅳ、蛭）。

真実にラディカル（radikal）とは、このRadix（根底）を撃つものでなければならない。だから「あらゆる深遠な思想家は、誤解されること（das Missverstandenwerden）よりも理解されること（das Verstandenwerden）を恐れる」（「善悪の彼岸」290）のだ（傍点引用者）。

それでは、中途半端な、しかも浅薄な理解や誤解を避け、真実な理解と解釈に到達するために必要不可欠な事は何か？ それは彼によれば、「近代人」（moderne Mensch）であることを止めること、つまり、牛になりきる（zu dem beinahe Kuh）ことである。ありていに語れば、ニーチェにとっての前提は、「先ず私のこれまでの著作を読み終っていること、しかもその際、若干の労を惜しまな」いことである。しかも、その著作はそう簡単に理解し得るものではないということは、事実であるが、「その一語一語にいつか深く傷つけられ、またいつか深く魅せられ」て、初めて「精通者（専門家）」（der Kenner）たり得るのである。「牛になりきる」とは、反芻すること（das Wiederkäuen）に他ならない。それは、反復して読むという、単純でしかも極めて困難な作業に徹底的に取り組むことを意味する。その際しかも、アフォリズムという断章的形式を十分に重く（schwer genug）とることが要求される。解釈の技術（die Kunst der Auslegung）としての（暗号）解読（die Entzifferung）の必要性がいわれるのである。「むしろそこからはじめてその解釈（Auslegung）が始められねばならない」（「道徳の系譜」序言8）。従って、心掛けるべき事は、十全なる意味において「釈義」（*Exegese*）であって、「読み込み」（*Eingese*）ではない[註2]。

シュレヒタ（K.Schlechta）は、さまざまなヴァリエーションにもかかわらず、ニーチェ哲学の全体を貫通している不変なるもの（das Gleichbleibende）根本的なテーマ（das Grundthema.基調音）は何か、を問い、それをニーチェが、根本意志（der Grundwille）と名付け、そしてこの根本意志こそが個々のアフォリズムを飽和状態の中で結晶化（Kristallisation）を析出する母液（die Mutterlauge）の役目を果たすものと見なしている[註3]。

ニーチェはその全著作の中で旧・新約聖書からの直接、間接の引用、聖書の文言のもじり、反対命題、パロディ、更には道化芝居めいた悪ふざけ等、あらゆる手練手管を用いて、聖書やキリスト教を徹底的な批判と罵倒、そして揶揄の対象としている。そこには彼自身のキリスト教に対する苛立ち、憤激、軽蔑の念が明らかなのである。

この事を只単に、キリスト教的誠実がこの事を可能ならしめた、とか、深層心理的側面からする近親憎悪的解釈で、しかも同情的に受取って、彼のいい分はもっともであるが、しかし……といった具合の逃げは許されないであろうし、不可能である。一体、彼をそこ迄追いつめ、そして反撃に移らせたものは何であろうか？ 彼の根本意志、母液は何であろうか。これがわれわれの課題である。

第二章　生の否定としてのキリスト教（肉体を軽蔑し、死へいざなうもの）

キリスト教は巨大な価値体系であった。しかもそれは、二元論的思考様式を支えとしていた。聖と俗、精神と肉体、善と悪という二分割方式が当然の前提であった。そこからは主観と客観という近代合理主義の図式も不可避であった。学問もまた、このような潮流から自由ではなく「客観的であること」を金科玉条として疑いをもつことを知らなかった。Wertfreiheit（価値自由）を没価値と解して、そこに安住していたのである。そこでは百科全書的知識人が、主体的自己の喪失の中で、教養主義を誇示することになったのも当然である。そのような時代にあって、この「教養俗物」（Bildungsphilister）を排し、一切の価値の転換を声高に標ぼうしつつ、登場したのが、ニーチェに他ならない。

引き受けてくれる出版社もなく、結局四十部ほどの私家版を作るしかなかった「ツァラトゥストラ」第四部の中に、次のような一節がある。「神の死」によって退職へと追い込まれた老法王が、長年奉仕し、その意志に従って生きてきた神を回想しつつ語るのである。「あれは、秘密づくめのひとりの隠れた神だった。ひとり息子を生ませるにも、人目を忍ぶ道（der Schleichweg

〈抜道、不法手段〉）を通る他なかった。神への信仰の門口におかれているのは、姦通（der Ehebruch）だ」、と。

これは明らかに、イエスの誕生物語にまつわるマリアの処女懐胎伝説に対する、グロテスクなまでの茶化しであり、辛辣な諷刺である。「反キリスト者」の中では次のようにいわれる。「教会はキリスト教〈信仰〉の土台（die Schwelle あるいは〈入口〉）にアンフィトリュオン物語を据えたのではなかったか？ なおその上に、「無原罪懐胎」（die unbefleckten Empfangnis）の教義をも？……しかもこのようにして、教会は受胎を汚らわしいものにしてしまった」（*Aber damit hat sie die Empfängniss befleckt*（34）。

所で、年譜に依れば、「ツァラトゥストラ」は一八八五年（ニーチェ四十一歳）、「反キリスト者」は一八八八年（四十四歳）の時に完成している。カトリックのドグマとして、処女マリアの「無原罪懐胎」（immaculata conceptio）が確立したのは、一八五四年ヴァティカン公会議において、ピウス九世とイエズス会の努力によってである。ニーチェ十歳の時であり、ギムナジウム入学の年に当たる。

勿論、ここで、当時のニーチェがこの教義の意味するところを熟知していたなどというつもりはない。それ所か、ニーチェは、ルーテル教会の牧師の子として、恵まれた生活環境の中にあり、極く普通の（というよりは、優等生的性格であり、小牧師とさえ呼ばれていた）欧米の子供の様に、クリスマスの近いことを想っては興奮し、それをにぎやかに祝い、ハレルヤ・コーラスに感動し、あの偉大な宗教改革者ルターを想い、いわば彼の聖地ともいうべきアイスレーベンの町を訪ねる事を熱望し、そしてそれが実現、ルターの遺跡、遺物に接した時の喜びと感動とを熱っぽく記してもいるのである。また彼は、オラトリオやレクイエムに耳を傾けては、天国に想いを馳せ、最後の審判を心にしみ込ませてもいたのである。

一八六四年（二十歳）十月、ボン大学に入学すると、すでにプフォルタ学院在学中に手につけていた新約聖書ギリシャ語のテキスト（Tischendorf版）を手掛かりにして、いよいよ深く、福音書の批判的研究と新約文書の文献学的研究に没頭することになる。

福音書の記録を批判的に吟味して、教義的ないしは信仰的粉飾を取り除き、人間イエスを歴史的に再構成しようとする動きは、シュトラウス（D.E.Strauß）の「イエス伝」（Das Leben Jesu, 1840, 4 Aufl.）や、ルナン（J.E.Renan）による「イエス伝」（Vie de Jésus 1863）となって結実し、キリスト教界に様々な波紋や物議をかもしていた。

しかし、ニーチェにとっては、このようなシュトラウスの所産も結局は、教養俗物（Bildungsphilister）のそれに過ぎず、「この新しい福音書の内容は何かといえば、これまでずっとなされてきた歴史研究および自然研究の成果をやっとのことでかき集めた以外の何ものでもない。シュトラウスは今なおヘーゲルとシュライエルマッハーに『絶対依憑』している」（「反時代的考察」D・シュトラウス）として、拒絶の対象以外ではなかった。

彼にこのような結論を斉らしたのは、いう迄もなく、これ迄進めて来た新約聖書ギリシャ語原典に対する、文献学的研究の成果である事は疑いの余地がない。ボン大学、更にライプツィヒ大学における、リッチェル教授の下での研鑽は、文献学的方法による新約聖書（特に福音書）へのアプローチを必然たらしめたはずである。彼が恐らくそこから結論づけた事は、今日では至極当然の事であるが、新約聖書、特に福音書の中の多くの、神話的伝説の混在、ならびに信仰的、教義的要請としての伝承の創造の事実であろう。

われわれはここで少々迂遠の嫌いがあるけれども新約聖書の中のイエス誕生に関わる文言にふれることが、必須の事と考える。

イエスの誕生についての最も古い言及は、パウロの手紙の中に見られる。一つはガラテヤ4：4の「しかし、時が満ちるに及んで、神はその御子を女から生れさせ」（ὅτε δὲ ἦλθον τὸ πλήρωμα τοῦ χρόνου, ἐξαπέστειλεν ὁ θεὸς τὸν υἱὸν αὐτοῦ, γενόμενον ἐκ γυναικός）であり、二は、ロマ1：3の「御子は、肉によればダビデの子孫から生れ（ὁ υἱός γενομένου ἐκ σπέρματος Δαυὶδ κατὰ σάρκα）、三はローマ9：5の「肉によればキリストもまた彼ら（イスラエル）から出た」（καὶ ἐξ ὧν ὁ Χριστὸς τὸ κατὰ σάρκα）という句である。

一見して明らかなように、これは人間イエス誕生の端的な表現であろう。そこには、一片の非歴史性、超自然性も見出されない。むしろそこでは、当然のようにユダヤ教的伝統に従ってのダビデ的子孫からのメシア（キリスト）出現の約束の成就と事実の歴史性を見ているのである。

しかも、このロマ１：３は、パウロ自身の言葉ではなく、彼自らが原始キリスト教団から受けた（*παρέλαβον*）信仰告白伝承（*παράδοσις*）の定型句の一節の引用であり、またそれは、原始教会の宣教内容（*κήρυγμα*）の要約であることは、今日誰しもが承認する事実である。しかもパウロの手紙は、新約聖書の中で最も古いものであり、そのほとんどの成立年代を紀元五〇年代前半に確定出来る事を考え合わせた場合、更に、ヨハネ福音書、新約聖書中最終期に属すると考えられるヨハネ黙示録に到る迄、そのどこにもイエスの処女降誕にふれる箇所を見出す事は出来ないのである。

こうした事情を踏まえれば、原始教会はイエスの人間的誕生を極く当然の事として殊更に特別視してはいなかった、といえるであろう。してみると、このイエスの処女降誕物語の伝承は、最も新しい時期の層に属することを物語るであろう。

すると、われわれにとっての問題は、このような伝承が、どのような人たちに依って（伝承の荷い手）、誰のために（被宣教者）どのようにして（発生原因、動機）、何時頃創られたか、ということである。

周知のように、この伝承は新約聖書中、マタイ・ルカの両福音書にしか記されていない。それらの冒頭にしかも二様の仕方でである。それらの史料吟味は、相互がそれぞれ独立に、しかも特有の伝承史料を用いている事、それも独自の編集方針に基づいて使用している事を明白にする。ただし、イエスが処女マリアを母とし、ユダヤの町ベツレヘムで生れ、しかもそのマリアはダビデの血統を継ぐヨセフと婚約していた、という共通項を有してである(マタイ1:18~2:1、ルカ1:35、2:4~7)。

しかし、二つの伝承の中で、マタイは旧約聖書の預言の成就としてのメシア(キリスト)の誕生に力点がおかれ(イザヤ7:14など、旧約聖書からの引用に注意)、ルカは、異教的背景(Pax Romanaの中で皇帝アウグストゥスによるCensus(戸口調査)への言及)を前面に押し出す。(その宛先人は、この福音書の続篇である使徒行伝とともに、テオピロなる異邦人の高官である。更に使徒行伝十九章には、エペソの守護神・大女神アルテミスをめぐるパウロの騒擾事件が記されている。その時この福音書の著者ルカはパウロの補助者として彼に同行している事に注意せよ。それはおよそ紀元五二年の頃である。)。

勿論当時のヘレニズム世界における英雄や哲人伝説の神・人結合の影響を無視し去る事は不可能であろう。プラトンやアレクサンドロス大王、皇帝アウグストスのような卓越した人物などのいわゆる「神的英雄」や混淆宗教(シンクレティズム)の中の神話的ヒーローの降誕に広く適用されていた事は、事実である。

われわれは、このイエスに関する「処女受胎」物語伝承の創造者を特定する事が不可能であると考えるが、しかしその効用をこのヘレニズム世界における地母神崇拝に求める事は可能であると思われる(先述したように、ルカはエペソでこの地母神アルテミスの繁栄ぶりをつぶさに見ていた。福音書執筆は、その後である)。

とはいえ、マタイは旧約のイザヤの言葉「みよ、処女（ἡ παρθένος）がみごもって、男の子を生むであろう」（7：14）を引用して旧約的預言の成就を見ている。しかしこの引用句はヘブライ語旧約聖書本文からではなくそのギリシア語訳（Septuaginta 通常 LXX で示され、七十人訳と称され、当時の地中海世界に離散している、いわゆるディアスポラのユダヤ人を対象とした）からのそれであり、このπαρθένοςと訳されたヘブライ語の原語は「若い女」（ἡ γυνή）を意味するに過ぎない。しかし、このπαρθένοςが処女受胎の伝承に、深く関わる要因の一つになった事は疑い得ないであろう。つまり、異教における聖の概念と処女性との結合である。

これとは別に、福音書における二、三の言葉に注意する必要があろう。

「この人はマリアのむすこではないか」（ὁ υἱός τῆς Μαρίας;）（マルコ6：3＝マタイ13：55）という、故郷ナザレへ帰った時に、イエスにあびせられた雑言である。通常、ユダヤ人は父親の名をあげ、「何某の子」と呼ぶ。これがユダヤ人の律法であった。母親の名をあげて呼ばれるのは、不法の子、すなわち「私生児」（マムゼル）という事に他ならない。また公活動に入ったイエスに対する非難・中傷の言葉として「大食いで、酔っぱらい」（ἄνθρωπος φάγος καὶ οἰνοπότης）（マタイ11：19）という罵言は、古代パレスティナでは、特殊な意味をもっており不義密通の子（マムゼル）に対する当てこすりであった。この事からも明らかなように、イエス在世当時から、イエスの出生をめぐる様ざまな論争や非難が存在した事は、無論、ユダヤ教とキリスト教との拮抗関係の中での出来事という限界性を認めるとしても、否定出来る事ではない。

かくして、イエスの出生をめぐる論難に何らかの結着をつけようとする動機が働らく。マタイやルカがその福音書を編むという作業の背景には上のような情況が想定される。一方において旧約聖書的・ユダヤ教との折合い、他方、地中海地方への伝道の進展にともなうヘレニズム文化との融合の必然性である。結果は、ダビデ家の血統というヨセフを父として取り込みつつ（ユダヤ教における父系主義の伝統への応答）しかも、その性的交渉なしに、「聖霊による」という一句を附加することによって、偉大な神の絶妙なる力による「処女受胎」という母性原理の聖化と昇華である。「無垢の懐胎、罪の汚れの払拭、永遠の処女性」[註4]、神の母マリアの誕生である。

マタイ・ルカ両福音書の成立は、使徒後時代の一世紀末に位置づけられるであろう。

しかし、両福音書によってはかられた結着が最終的なそれでなかった事は、今日もなお論争の的になるという事実そのものが示す。カトリックによるドグマの確定の歴史を回想するだけでも、この問題の複雑怪奇さを見る事が出来るであろう。湯浅泰雄氏は[註4]、深層心理学者ユングを紹介、解説しながら、聖母崇拝にふれ、それがヘレニズム化した古代オリエント神話を底流としてあったと結論づけ、更に次のようにいわれる。「母なるものへの憧憬は、民衆信仰の次元では強力に生きつづけてゆくものであるから、教義学もこれを全く無視することはできなかった。四三一年にひらかれたエペソ公会議は、マリアに「神の母」θεοτόκοςという称号を与えることを決定した。……この会議がエペソの地でひらかれたのは、どうやら聖母崇拝と地母神信仰の習俗関係が考慮に入れられたためらしい。エペソはギリシャ神話に出てくる月の女神アルテミス（ダイアナ）の信仰の中心地であり、女神をまつる大神殿があったところである。アルテミスは多くの乳房をもつ豊饒な多産の女神で、安産の守り神であるが、それにもかかわらず若い処女神とみなされている。ある伝説によると、マリアはキリストの死後、ヨハネと共にエペソに逃れ、死ぬまでこの地に住んでいたともいわれている。教父エピファニウスの記すところによると、ここにはコリリディア派というキリスト教の一派があって、キリスト教以前の女神崇拝の習俗に従ってマリアを崇拝していたという」[註5]。しかも、この信仰は、多くは女性信徒たちによって熱烈に迎え入れられたため、一部に批判や非難を加えつつも、禁止もせず、いわば中途半端な黙認の態度をとっていた。それは「キリスト教が異教の伝統的習俗をもつ地域に拡まってゆくためには必要な妥協であった。異教的魂は民衆信仰の底層流として、正統信仰の表面流の下に長く生きのびてゆくのである」[註6]。

この聖母崇拝は「民衆信仰のレベルでは時代と共にますます強くなって行き」（同上）、やがて聖母被昇天（Assumptio beatae Mariae virginiss）の教理へと進展する事になる。勿論このような信仰はすでに四世紀の外典から現われ、東方では、四、五世紀ごろから、また西方では七、八世紀ごろから昇天祭が習俗化された。この信仰が論議の的になったのは八世紀であり、その結果先ず、マリア無原罪説が唱えられ十三世紀のトマス・アクィナスらは無原罪説を認めはしなかったものの、無原罪被昇天を支持している。近代に入っては、先述したように法王ピウス九世が一八五四年に「無原罪説」をドグマとして採用し、さらに一九五〇年にピウス十二世は「聖母被昇天」

(Assumptio Beatae Mariae Virginis) をドグマとして公布するに到った[註7]。これらのドグマは聖書的証言に基づくものでは勿論なく、また教会内部の神学論争の結果から生じたものでもない。いわば神学的命題が要請した解釈の結果であり、地母神信仰の伝承の宗教社会学的な改変、つまり、民衆レベルでの要請を教会が受け入れ、それを採用した、という事である。

この点が重要である。ユングは勿論湯浅氏もこの民衆的基盤を重視し、その民衆的知恵を賞揚しつつ、その積極的評価と受け入れを促がしている。何故なら、それが人間の心理的経験の基盤であり、魂の本性に見合う民衆の直観だからと肯う。「父の智恵は母の膝に宿る」(In gremio matris sedet sapientia patris) という中世の格言が真実であり、ここにこそ深層心理学と宗教経験の重要なふれあいがあるからである。これこそが「知的解決の不可能な状況に対して、知的レベルをこえた次元から解決を与える神秘なのであり、そこに母なるものの非合理な愛にも似た愛の力がはたらく。神性はそれによって人間界に下り、人間の魂は聖なる領域へと昇るのである」[註8]ユングに依れば、これこそがヨブとイエスに対する「答え」[註9]であり、知的合理性を求めた果てに魂の喪失に陥った人間の救いに他ならないからである。これに対するコメントは、一応しばらくおく事にしよう[註10]。

プロテスタントにとって、「アヴェ・マリア」に象徴されるマリア崇拝は、一つの大きな謎であり、疑問には違いない。しかし宗教改革者ルターは、カルヴァンがそれを偶像崇拝として明確な拒絶の態度をとったのに対して、マリアの無罪性という伝承を中核的ドグマの一つとして承認し、マリアの永遠の処女性を熱烈に支持して、ヨハネ福音書2：12の註解において「マリアは、神の生み親として神の母であり、その出産にもかかわらず、常に処女のままである。彼女は汚れてはいない。彼女は肉体的に天に受け入れられた」とさえ語っている。

ルターは、（この点ではカルヴァンも同等であるが）確かにσῶμα＝σῆμα（肉体＝牢獄）というソクラテス的、プラトン的二元論から解放されてはいなかったのである。この事は彼の霊的統治とこの世の統治との二領域に分割する二統治論に集約的に示されている（二王国論Zwei-Reiche-Lehre）。ルターにとって、「キリスト者の自由」は、精神の内面的信仰以外のものではなかった、まさに、霊と肉、精神と肉体という完全なる二元論であった[註11]。

このルターが、われわれのニーチェにとって大いなる敵対者として映ったとしても不思議ではなかった（ルターに対する別面での評価はさておいて、例えば、ルターによるドイツ語訳聖書に対する絶賛）。

さて、長い迂余曲折の末に本論に立ち戻るべき段階に来た。ニーチェは、これ迄の思想史を総括し、「肉体の解釈、それも肉体の誤解ではなかったのか？」と問う。そして、「最高の価値判断の背後には、肉体的性質——個人的なものにせよ、階級的なものにせよ、種族全体のものにせよ——に対する誤解が隠されている」（「華やぐ知恵」序、Ⅱ）と断定する。

ニーチェはその典型を死こそ自由と解するソクラテス・プラトンの中に見ているのである。すなわち、彼(ら)にとって、死は肉体からの解放に他ならず、「肉体は魂の牢獄である」(σῶμα-σῆμα)とするオルフェウス教の教えは信じるに足るものであり、死は、魂の肉体からの離脱を意味し、魂だけの存在という願ってもないことである。従って、真実の存在者は、かれらにとって聴覚、視覚、苦痛快楽といった肉体的なものにわずらわされずに、肉体を離れ、蔑視し、肉体との協力も接触も出来るだけ拒み続け、純粋に魂だけになり切る者を意味する[註12]。

だから、ニーチェは次のように結論づける。「ソクラテスは死ぬことを欲していた(wollte)──彼に毒杯をあたえたのは、アテナイではなく、彼自身であったのであり、彼はアテナイが毒杯を与えざるをえないようにさせたのである」(「偶像の黄昏」ソクラテスの問題12)。「単刀直入にいうなら、偽装された、巧みに偽装された(verschleierte und gut verschleierte)自殺である。両事件(ソクラテスとイエスの死)とも死を望んだのだ(wollte)」(「人間的」下、94)と。ニーチェにとって、イエスもまた同罪なのである。

生が性によって決定づけられる。この単純な事実を承認しないで、われわれは、その生を云ぬんできるであろうか。処女受胎の概念は性を汚らわしいもの、不潔なるもの、いやらしいもの、とする事に依って初めて成り立つ。法王インノケンティウス三世(一一六〇～一二一六)は、自分の嫌いなものの目録を作成している。「不潔な生殖、母胎内のいやらしい養育、人間を発育させる材料の悪さ、おそろしい悪臭、唾液の分泌、尿および糞の排泄(「道徳の系譜」II・7)。ここにあるのは、性とそして生そのものへの呪咀と嘔吐でなくて何であろうか。ここに聖なる虚言がひびく。「臍から上の身体の開いているすべては、清い。しかしその下のすべては、不浄である。少女（das Mädchen）にあってのみ、全身が清い」（「反キリスト者」56）と。

かくして、肉欲はますますひどく誹謗され、罪悪視される。「人の子は罪のうちに孕まれ、生まれた」（「人間的なあまりに人間的な」Ⅱ・3・141）と。「そこでキリト者は、一切の性的興奮の際に、信徒の良心のなかに呵責」を生じさせることになる（「曙光」Ⅰ、76）。元来、性的な感情は、人間が自分の悦びによって同時に、他の人間に悦びを与える自然な営みのはずである（同上）。

それなのに、キリスト教は大衆向きのプラトン主義に堕してしまい、「純粋精神」の謬見（Das Vorurtheil vom “reinen Geiste”）に捉われ、「肉体を軽んじ、なおざりにし、あるいは苦しめることを教えた」（同上1、39）。人間が苦しむのは、肉体がもつすべての衝動のゆえだ、と逆立ちした論説を展開するに到った。「原因は、肉体にある！」というわけだ。

「すべての古い道徳の怪獣は〈情熱は殺されねばならない〉（il faut tuer les passions）という事に関しては一致している。これに対する最も有名な定式は、新約聖書のうちに、あの山上の垂訓のうちにあるが……そこではたとえば、性欲に応用して、「自分の右目が自分を躓かせるとすれば、えぐり出して捨てよ」（マタイ5：29）といわれている。だが幸いにもこの命令にしたがって行動したキリスト者はひとりもいない。情欲や欲望をたんにその愚昧さと、その愚昧さから生ずる不快の帰結とを予防するだけのために絶滅する（vernichten）ということは、今日われわれには、それ自身愚昧さの鋭い形式としか思われない……教会はあらゆる意味での切除(Ausschneidung)でもって、情欲と戦かう。その施術その「治療」は去勢(Castratismus)である。教会は、「いかにして欲望を精神化し、美化し、神化するか?」とは決して問わない。――教会はいつの時代でも戒律の力点を(官能性の、尊大の、支配欲の、所有欲の、復讐欲の)根絶においてきた。――しかし、情欲の根を攻撃するとは、生の根を攻撃することにほかならない。すなわち、教会の行為は、生への敵対(lebensfeindlich)である……」(「偶像の黄昏」反自然としての道徳1)。

キリスト教は、遂に生の敵対者となり、自然への反逆者となるに及ぶ。それ故に、「神のよろこぶ聖者は、理想的な去勢者」であり「「神の国」の始まるところ、そこで生は終末を告げる」(Das Leben ist zu Ende, wo das “Reich Gottes” *anfangt*)(同上4)こととなる。

所が、ここで不思議なことが起る。「官能に対して最もはげしく毒づいているのは、不能者たちではない、また禁欲者たちではない。そうではなくて、禁欲者たり得ない者ども、禁欲者たることを必要としたであろう者どもである……」(同上4)。

われわれはこのような視点から、いわゆる禁欲主義、そして修道院の歴史をひもとく必要にせまられるであろう。そしていわゆる殉教や苦行もまた、緩急の差はあれ自殺行為に他ならない事が明白になる。

性の否定は、生の否定へと連結するのである。事情がこのようであれば、結婚の祝福とは一体何であろうか。しかも、カトリックの場合、聖なるサクラメント(秘跡)の一つなのである。一方において、パウロの言葉「男にとって、女にふれないほうが良い。しかし不品行（売春婦との関係）を避けるために、めいめいは自分の妻を、また妻は夫を持つべきです」（……καλὸν ἀνθρώπῳ γυναικὸς μὴ ἅπτεσθαι· διὰ δὲ τὰς πορνείας ἕκαστος τὴν ἑαυτοῦ γυναῖκα ἐχέτω, καὶ ἑκάστη τὸν ἴδιον ἄνδρα ἐχέτω. Ｉコリント7：1、2）を字義通り受けとり、独身主義を根拠づけると共に性的に止むを得ない事情だけに限定して、結婚が承認されるという具合である。情況捨象的解釈の典型である。聖書といえども歴史的文書である事に変りはないのであって、それが執筆された時代状況（Sitz im Leben）をふまえての釈義が必要なのである。

パウロのここでの趣旨はコリント教会からの質問の一つに答えて、救いの時は近い。この世にかかずらっている時ではない、終末（この世の終り）が切迫している。だから、性的困乱（勿論ここには、一種のグノーシス主義に基づく、アナーキー情況と同時に、パウロに対する誤解に基づく無律法主義と刹那主義の横行）を避けよという世の終りの切迫、終末信仰を前提としての戒めと勧告なのである。

ここにいわゆる聖書主義の陥穽がある。そしてここから、聖・俗の二元主義、否むしろ二律背反が、というべきであろう、聖職者の独身主義と、世俗・一般者の止むを得ざる、仕方なしの結婚の奨励（？）との混在である。しかも、結婚は、種の保存のためとされる。一方が、神の御旨ならば、他方もそれなのである[註13]。

そこに反映するのは、生への積極的関わりではなく、むしろ、生への蔑視と倦怠であろう。「現存在、それ自体無価値なもの（Dasein、*das umwerth an sich*）として、「原罪」（Erbsude）化される（「道徳の系譜Ⅱ、21）。かくして、キリスト教の贖罪思想・十字架が要請され・正当化されるに到る。そして、「死を想え！」（memento mori!）が、中世紀以来の知識と良心の先端を形成することは（「反時代的考察」Ⅰ、2、8）理の当然であった。

勿論、「死を想え！」なる言葉が、このようなコンテキストの中でいわれたものでない事は明らかであるが、しかしそれにしても、このようなキリスト教的な思念が、現実の世界における生よりも、此の世を越えた「彼岸」「来世」そして「天国」への思慕を深め、高めた事は否めない事実であろう。かくして、キリスト教は、生を放棄するよう説教する「死の説教者」になり果てる。そして人びとは「魂の結核患者」になり、「生れるが早いか、もう死に向かって歩み出し、倦怠と諦念の教えに憧れ、死んでいる方がいいと願う」ようになる（「ツァラトゥストラ」Ⅰ、死の説教者）。

人びとは、現実の世界（この世）はうとましいもの、嘔吐を催おすほどの汚れた世界であり、「世界そのものが巨大な汚物だ」（die Welt selber ist ein kothigos Ungeheuer）（ツァラトゥストラⅢ、14）と、世界を誹謗するに到る。

残された道は、俗世に背を向け、死を憧がれつつ「背後の世界」（Hinterwelt）を妄想することであった（「ツァラトゥストラ」Ⅰ、背後の世界を説く者たち）。その妄想の中での自己忘却と恍惚それこそが「宗教」なのであった。そこでは勉学も、勤労も、そして「祝福としての労働」

も、さらに禁欲すらもこの汚辱に満ちた現実世界からの逃避と忘却の手段と化してしまう（「道徳の系譜」Ⅲ、18、「華やぐ知慧」Ⅴ、359、「ツァラトゥストラ」Ⅲ、16）註14。

第三章 反自然としてのキリスト教

ニーチェは、人間がこれまで受けて来た間違った教育を四つ指摘している。第一は、不完全性の自覚、第二は、想像上の諸特質の付与、第三、人間の動物と自然に対する誤った順位の自覚、第四、新しい価値表を創出し、しかもそれを永遠で無条件的なものとみなすことである（「華やぐ知恵」Ⅲ、115）。

ここでは、特に、その第三に注意しよう。

ユダヤ・キリスト教的伝統によれば、人間は、神の創造における冠であった。神は全てのものを創造し、その被造物を支配・管理させるために、最後的に人間を創造した、というのである。しかもその際人間は「神の似像」(Imago Dei) として理性的存在である。そのことによって人間は、自然界においては、特殊な地位を与えられ、否むしろ、自然とは別の特異な存在として、神の前での特権者であった。彼のみが、神との交わりが許されており、自由でしかも応答可能(Verantwortlichkeit = 責任) な存在なのである。

そして、そこに人間の尊厳をみ、人間性 (Humanität) を見た。この人間性という言葉こそが、

「おそらく、人間を自然から明確に仕切り、区別するものが存在している（es möge das sein, was den Menschen von der Natur *abscheidet* und auszeichnet.」という観念を基礎にして初めて成り立つ（「五つの序文、５ホメロスの技競べ」）。（基本的人権・人格性の理念もまた）

しかし、このような差別は、本来成立するものではない。人間は明らかに何よりも先ず自然的、動物的存在に他ならない。この人間対自然、人間対世界、つまりgegenという対立的構図は人間の虚栄と不条理の勝手な迷妄（eine ausschweifende Verirrung der menschlichen Eitelkeit und Unvernuft）（「華やぐ知慧」V、346）に過ぎない。

「自然的（naturlich）な諸特性と、本来人間的（menschlich）と呼ばれる諸特性とは、切っても切り離せない関係でからみ合っている」のだし、「人間が最高にして最も気高い力を発揮しているような場合でも完全に自然（ganz Natur）であり、それ自体、自然の不気味な二重性格（Doppelcharakter）を帯びている、のである」（「五つの序文」５）。

正しく、人間は何よりも自然なのであって、人間と自然との関係においては対立的構図としてのgegenではなくて、undで連結されるKopula（繋辞）的図式が成立すべきなのである。人間はその意味で、ありのままの自然を生きるべきなのである[註15]。

従って、人間は「わたしは肉体であり、魂である」（Leib bin ich und Seele）と、語っていい
し、「肉体とは、ひとつの偉大な理性、ひとつの感覚をもった複合体」（eine Vielheit）として「おのれ」（Selbst）は、その肉体の中に住みその肉体が「おのれ」なのだ（「ツァラトゥストラ」I、

肉体の軽蔑者)と認知すべきなのである。

だから、肉体を無視することは、すなわち「おのれ」を蔑することと同義であり、自己否定におちいる他はない。

むすび

さて、われわれは必要以上に廻り道をし、更に、執拗にニーチェの言葉を追い、その言説を引用して来たのは、その思想史的背景を鮮明にし、それに対するニーチェ自身の対応とその思想的営為とを際立たせるための必要不可欠な作業であった、と確信する。また、その引用は、出来るだけ独断をさけ、またあり得べき誤解を避けるために、彼自身に直接的に語らせようとの意図以外ではなかった。

勿論、われわれは、その取捨選択という作業の中にわれわれ自身の視点もまた明らかであることを十分に承知してのことである。われわれもまた、いわゆる「客観性」なるものを信じはしない。問われているのは、われわれ自身であってみれば、われわれはその主体的実存を賭けて立ち向かう以外に方法はないのだから。

ニーチェが繰り返し、繰り返し「人間とは超克されるべき何物かである」(Der Mensch ist Etwas, das überwunden werden soll)(「ツァラトゥストラ」と語り、超人(der Übermensch)を説く時、人は直ちに誤解してしまう、つまりそれは人間を越える(über)特異なる存在と。

結論を先取り的に語れば、われわれには、ニーチェが、人間を跳び越えて（übersprunger）他の何ものかに成るなどと夢想していたとは思えない。「人間は、跳び越すこともできる」（der Mensch kann auch *übersprungen* werden）とほざくのは、道化師（ein Possenreisser）だけだとニーチェは笑い飛ばしている。（「ツァラトゥストラ」Ⅲ、古い石板と新しい石板4）

超克（die Überwindung）には、いろいろな方法や道があるけれども、先ず必要なことは「自分自身をよく見ることだ！」（da siehe du zu!）。（同上）そして同時に、「その隣人の中にさえ潜んでいる自分自身をも」超克しなければならないのだ。これはどういうことであろうか。

それは、ツァラトゥストラのひそみにならい、「自らおのれの意志を決定し、あらゆる帰依を斥ける者すべて（die sich selber ihren Willen geben und alle Ergebung von sich abthun）」をいうのである。すなわち、群畜的人間からの離脱と自立、そして生を蔑視し、死後の世界を説く者からの離反と自由であろう。

しかし、これはただちに「孤立的人間」[註16]を意味しない。彼が排除しようとするのは、「危険なしに（ohne Gefähr）生きることを好」む人である（「ツァラトゥストラ」Ⅲ、幻影と影1）。

われわれはともすると、孤立化を恐れて、共同体（Geminde）や集団形成（Heerdenbildung）にうつつを抜かす。一種の群畜の組織化（Heerden-Organisation）すなわち大衆への埋没である。それは「自己自身になれない」人間の寄り合いと野合であろう。ニーチェによれば、それは僧侶の狡智（die Priester-Klugheit）の為せる業なのである。「強者はたがいに離れようと努力するのが必然なのに、弱者はたがいに寄り集まろうとする」（die Starken streben ebenso naturnothwendig *aus* einander, als die Schwachen *zu* einander）（「道徳の系譜」Ⅲ、18）。「寄らば大樹の影」というわけであろう。

自由は責任をともない、また決定は時に苦痛をともなう。人生はまさに「厳粛な綱渡り」（大江健三郎）なのであり、アンガージュマンとは、手を汚すことを意味するであろう。「危険なしの人生」を夢想することは、誰にも許されてはいない。だからこそ、深い意味において、人生は賭けなのであろう[註17]。

人間にとって、生きるとは深淵（der Abgrund）に立つことを意味する。だから、人間が自己自身を見るとは、この深淵をのぞき見ることなのだ（「ツァラトゥストラ」Ⅲ、幻影と影1）。そしてこう叫ぶ他ない、「これが人生であったのか？ よし！ もう一度！」War das das Leben? Wohlan! Noch Ein Mal!)（「同上」）「そして、人間が出来損ないであったとしても、よし！ よかろう！」（der Mensch? Missrieth aber der Mensch : wohlan! wohlauf!）（「同上」、Ⅳ、高級な人間14傍点引用者）また「この地上に生きることは、甲斐のあることだ。（Es lohnt sich auf der Erde zuleben」……《これが一人生というものか？》と、わたしは死に向かっていってやる。《よし！ もう一度！》。（"War *Das*——das Leben?" will ich zum Tode sprechen. "Wohlan! Noch Ein Mal!"傍点引用者）（「同上」Ⅳ、夜にさすらう者の歌1）と。

「私はすべての体系家を信用せず、彼らを避ける。体系への意志は、正直の欠如である」（「偶像の黄昏」箴言、26)。これは紛れもなく、ニーチェの言葉である。彼は体系家に用心するようにと警告もしている(「曙光」Ⅳ、318)[註18]。しかし、われわれはこの禁句を敢えて無視して、彼の著作を通じて見られる重要事を、いくばくか体系化し整合してその結晶化を敢行した。そしてそのキリスト教批判を通じて、今日のわれわれが受け取り、それを更に深化し、進展すべき責務を自らに課した、といってよいであろう。

われわれは今や、性＝生を正当に位置づけ、身体自身が持っている意味を正確に把握すべき時に来ている。事物を認識し、自己意識をもち、自由に行為する主体である「おのれ」がこの身体から区別され得ないものとして確かに存在している。マルセル(Gabriel Marcel 1889～1973)がいうように、人間は、身体を持っているのではなく、身体を存在しているのだ。人間にとって、身体は決して所有関係ではなく、存在関係なのである。従って、われわれはこのような存在関係の中に拘束されており、そこから自由に外へ出る事は不可能なのである。「身体性は、存在と所有とのあいだの境界領域である。持つということは、すべて、何らかのしかたで私の身体に関係づけて定義される。そして当の私の身体は、絶対的な所有であるというまさにこのことのゆえに、いかなる意味においても所有であることをやめるところのものである」[註19]。

にもかかわらず、今日までの人間の思想の歩みの中で、身体が正当に位置づけられ、評価されて来たであろうか。答えは、明らかに否である。肉体を抽象して精神へ、外面を疎外して徹底的に内面化を企図してきた、これこそがこれ迄の思想史に他ならなかった。完ぺきな迄の観念論である[註20]。身体の復権が叫ばれ、「精神としての身体」が主張され、身体の現象学がすすめられる所以である[註21]。

われわれは、清水博氏[註22]の次のような結論に賛意を表するものである。氏は仏教が、その自然観の中に、社会という階層が入っていない、という欠陥を持っており、キリスト教は〈神―人間―他の生物〉という縦の階層構造を自然観の中に持っていて、人間と他の生物が横の関係にあって協同して、大きい秩序をつくるという自然の捉え方が、欠如している、と指摘される。その理由は、氏によれば、「自然の階層構造からいうと個体と自然の中の大きい系との間には、生物のさまざまの集団や社会が存在しています。たとえば人間の場合、自然に対して大きな影響力を持っているのは、一人一人の個人ではなくて、人間の社会なのです。他の生物の場合も、生物の集団や生態系がこれに当ります。私は、社会という構造を思想体系の中に取り入れることを落してきたところに、今日の仏教が社会に対して有効な働きを与えることができない原因があるように思います……現代文明が抱える諸問題の解決は伝統的な仏教思想に回帰するだけでは果しえないのではないでしょうか。現代の人間社会が生み出したさまざまな矛盾がこの難問の原因となっているると考えるからです」。

さらに、キリスト教で描く人間と社会は、氏にとって、「着物」を着ていない理想気体のような「裸の人間」とその集団に見える。「人間とそれ以外の生物とは神の創造のときから、別ランクに位置づけられ……神と人間とは、契約によって相互規定されていますが、他の生物は神からさらに遠い存在です。……このような人間と他の生物の縦の関係は、キリスト教の根本的な考えである「原罪意識」の前提になっており、その意味ではキリスト教の根本的な物の見方です」。そして氏は控えめに「今日の文明の諸矛盾はキリスト教のこのような物の見方に発しているという考え方もあるくらいです」と述べておられる。

生きた自然像の欠如こそ問題だというのである。われわれは、清水氏のこのような見方に全面的に同意する。われわれにとって必要なことは、人間(そして社会)と自然に対する評価と価値の転換なのである。人間という存在を特殊化する倨傲からの解放である。

註

1 テキストには Friedrich Nietzsche : Samtliche Werke Kritische Studienausgabe in 15 Banden dtv/de Gruyter, Dunnduck ｜Ausgabe, 1980 (G.Colli und M.Montinari) を用いた。日本語訳は原則として、白水社から刊行中の「ニーチェ全集」を使用させていただいたが、筆者の責任において変更したところもある。それぞれの訳者に謝辞と共に、非礼をお詫びしておきたい。

2 無前提的な解釈が成立し得ないことは十分承知していながら、無謀にもこれ迄のニーチェ研究史を十分に踏まえないまま、ニーチェに接しざるを得なかった。それは他でもない。自分史との関わりである。一九六〇年代後半からのいわゆる大学紛争の渦中に身をおく事を余儀なくされた筆者は、自からの存在を自らに問うことを迫られた。迫られたという受身ではなく、それを自からに課したのである。以来の歩みは牛の如く、否、亀のそれであった。様々な遍歴の中で、ニーチェという思想家に邂逅したのである。従っていう迄もなく、私自身はニーチェ研究の専門家ではない。この事が研究史の吟味検討をないがしろにする弁解にならないのは当然ではあるが、素人なりのアプローチが許されてもいいのではないか、と思ってもいる。それでもなお、私には私なりの前提があるという事実は否定出来るものではない（R.Bultmann, *Ist möglich Unvoraussetzungs Interpretation ?*, in：Glauben und Verstehen, Bd Ⅳ, 1960, s.142 ff）

3 Karl Schlechta, *F.W.Nietzsche*, in: Die Religion in Geschichte und Gegenwart, BdⅣ, 1960, s. 1478f.

4 湯浅泰雄「ユングとキリスト教」一九七八年、「ユングとヨーロッパ精神」一九七九年、人文書院

5 同上「ユングとキリスト教」二三一頁以下

6 同二三三頁

7 これらのカトリックの教義史については、湯浅氏の両著の他、J.Pelikan, The Riddle of Roman Catholicism, 1959, p.128 ff.また「カトリック大辞典」などによる。

8 湯浅泰雄「ユングとキリスト教」、二三六頁

9 C.G.Jung, Antwort auf Hiob, 1952.　野村美紀子訳「ヨブへの答え」、1981、ヨルダン社八〇頁

10 遠藤周作の「死海のほとり」、「イエスの生涯」「キリストの誕生」「私のイエス」など一連の作品

は、それが文学的虚構性をまといつつカトリックの聖母崇拝に裏打ちされた母性原理の正当化とキリスト教信仰の脚色そのものである。永遠に女性的なるものへの思慕は、特に「母性的なるもの」への憧憬は、時と所とを越えて人間には無視し得ないものなのであろうか。マドンナ希求である。土居健郎氏の「甘えの構造」もまた特に日本的心性として捕えて注目をあびたが、これは決して、特殊日本的と限定するには、余りにも人間の普遍性であるのかもしれない。帰依と依存の感情である。

11

この点については、詳論が必要とされるであろうし、このような単純なプラトン理解にも多くの異議が提出されるであろう。プラトンと新プラトニズムやストアなどとの相違や区別も認識する必要もあるだろう。しかし、歴史的事実としての思想史の大筋はそのような歩みであったと捉えても、必らずしも的をはづしたものとは思われない。このZwei-Reich-Lehreをめぐっては、大著U.Duehrow, Christenheit und Weltverantwortung. Traditionsgeschichte und Systematische Struktur der Zweireichelehre, 1972, 647 s.+ XⅣ. 佐竹他訳「神の支配とこの世の権力の思想史」——聖書・アウグスティヌス・中世・ルター——一九八〇年、新地書房が二王国論をめぐって、その発生史的論究が見事に展開、詳論されている。教えられるところ多大な書物である。視点も異なり、概説書という制約はあるけれども福田歓一「政治学史」、一九八五年、岩波書店を合わせ読むのも面白い。政治と宗教をめぐる問題は、今日極めて肝要なものであるが、今ここで論述する力はない。かつて筆者は稚拙極まりない形で論じたことがある。「政治と宗教——そのルター的理念をめぐって――」（「自然・人間・社会」関東学院大学経済学部教養部編、一九七三年）。人間の内面化、精神化、そして私人（個人）化、そして政治というものに集約的に現象する「此の世」への無関心と無責任の問題である。ニーチェにとっても、教会と国家の問題は他人事ではなかった。今なお「政教分離」が不十分なドイツにあって、彼の時代、そして彼の思想性を考える時、教会と国家の何れもがニーチェの批判と非難の対象であった。「国家とは、すべての人びとの緩慢な自殺が――「生」と呼ばれる所である」とか、「国家が終わりになる所、そこにはじめて、余計ならざる人間の始まりがある。そこに、必然を担う人間の歌、一度限りのかけがえのない歌が始まる」（「ツァラトゥストラ」I、新しい偶像）という言葉を紹介しておこう。彼にとって、身分の固定化、位階序列等、神の前の平等を唱えることによって、教会と国家は、いわば共同正犯のそしりを免がれ得ないのである。さらにまた、畜群といわれる大衆もこの中で派生する。教会と国家をめぐる問題は、きわめて現代的課題である。特殊日本的情況と課題を、われわれは十分に認識し、これに対処する必要にせまられているけれども、仲々に厄介である。

極く最近、相沢好則（久）教授監訳によって、デンツラー（Georg Denzler）編の Kirche und Staat auf Distanz: historische und aktuelle Perspektiven, 1977 が「教会と国家」の題名の下で出版された。一九八五年、新教出版社。この種の著作が珍らしいわが国では貴重である。

12 プラトンの諸著作、特にここでは、「パイドン」を参照。

13 周知のように、今日特にカトリック教会の中で、「解放の神学」なるものが唱導されてさまざまな論議を呼んでいる。これは一九六八年に行われたラテン・アメリカ全司教団の第二総会議（コロンビアのメデシン市開催）の声明文に表われたのが、最初といわれる。ラテン・アメリカにおける民衆の悲惨な情況に対応するための神学の「現代化」といわれるものである。とはいうもののこの神学の内実もまだ判然としない所もあり、またその神学をめぐるカトリック教会、特にヴァティカンの対応もかなり流動的である。マスコミによれば、ニカラグアでは神父たちが政府の要職につき、民衆の解放のための戦いの先頭に立っている事を伝えている。

いずれにせよ、この「解放の神学」もカトリック特有の（無論、プロテスタントといえども例外ではないが）神学からの解放が先決であるように、われわれには思える。なお、G・グティエレス／R・ショール著（梶原寿訳）「解放と変革の神学」一九七九年、新教出版社、ならびに、R・アビト／山田経三著、「解放の神学と日本」一九八五年明石書店を参照。ノンフィクションではあるが、この点でD・ヤロップ（徳岡孝夫訳）「法王暗殺」、一九八五年、文芸春秋社は興味深い。

14

視点は異なるけれども、ここでパスカルの「気ばらし」を想起するのも、現代人にとっては必要ではないか。仕事中毒（Workholic）なる新造語も面白い。勿論、ここでかの有名なM.Weberの「資本主義の精神」を忘却することは出来ない。内世界的禁欲（としての労働）が遂に、資本主義の精神へと転化したとすることは、余りにも安易な単純化ではあろうが、神の栄光のための労働というタテマエが、予定説による不安と恐怖（ホンネ）が、いやが上にも労働へと駆り立てたことも恐らくは見逃せないであろう。ウエーバーは、この点に関しては、信仰義認との関連で行為（労働）の目的と結果とにおいて捕え、「論理的には、もちろん、預定説からその帰結として宿命論を引き出すことが可能であった。しかしその心理的影響は「救いの証明」という思想との結びつきによって、それと正に逆なものになった」（梶山、大塚訳「プロテスタンティズムの倫理と資本主義の精神」下、62頁岩波文庫）と註釈される。しかし、蓄財という結果からする証明があるとしても、「救い」の自由は、神の手にある限り、人間には論理的にも、心理的にも不安がつきまとうはずである。それが人間というものであろう。それ故にこそ、蓄財が加速されたというのはいい過ぎであろうか。

15 この事が直ちに、いわゆる仏教の「自然法爾」として捉えることが正当化できるかどうか、慎重な考慮が必要と思われる。大河内了義「ニーチェと仏教」、一九八二年、法蔵館、同氏著「自然の復権」、一九八五年、毎日新聞社

16 中世のトマス・アクィナスに比せられ、二十世紀最大のプロテスタント神学者といわれるバルト（Karl Barth, 1886~1968）は、未完に終った膨大な主著「教会教義学」（Die Kirchliche Dogmatik）の第三巻第二分冊において、欄外傍註（Randbemerkung）の形でニーチェに言及している。この巻全体のテーマは「創造論」であって、その中の「人間性の基本形式」（Die Grundform der Menschlichkeit）という四五節第二項においてである。バルトがここでニーチェを取り上げたのは、人間性に対する自からの基本的テーゼ、つまり「人間の人間性は、他の人間との共同存在と

して（初めて）その存在を明確にする」(*die Humanität des Menschen besteht in der Bestimmtheit seines Seins als Zusammensein mit dem anderen Menschen*)（s.290）に反する人間の典型として存在するニーチェである。

彼によれば、ニーチェは「人間をそれ自体で、したがって共同人間なしに」(die Menschen fur sich und also ohne den Mitmenschen)（s.270）見ているのであって、それは「抽象された存在」(eine abstrakte Existenz)（同上）に他ならない。そのような存在は「見かけ倒し」(angeblich)であり、結局は「非人間性」(Unmenschlichkeit)（s.272）である。

人間はあくまでも、孤立存在（Einsamkeit）ではなく、他者との対存在（Zweisamkeit）においてはじめて現実的・具体的人間として現象する。われとなんじとの呼応的出会いの出来事であって、そこでは「なんじありつつわれあり」と「われありつつ、なんじあり」との「たがいに出会う存在の複合体」(aufeinander sich *begegnender* Seinskomplexe)なのである。人間は、本質的にそのような存在（esse）ではなくて、一つの実存（*existere*）なのである。

ところがバルトによれば、ニーチェは「われあり」(Ich bin)の強烈な主張者であり、それを要約すれば、「わたしが在るのは、わたしのためでありそれ故に、他者から在るのでもなく、他者に向ってあるのでもない」(*ich bin*, und zwar fur mich und also weder von einem Anderen her, noch zu einem Anderen hin bin)となるというのである。その結果、ニーチェは「あの共同人間なき人間性の預言者」(der Prophet jener Humanität ohne den Mitmenschen)、と結論づけられる。こうしてバルトは、ニーチェに、「孤立の人間」(der Mensch der Einsamkeit) を徹底的に生き切った人を見ている (Nietzsche...war den weg der Humanität ohne den Mitmenschen *zu Ende gegangen*. s.287. 傍点引用者)。これが彼にとっての「超人」(Übermensch) 理解であろう。

　ここでわれわれは、このニーチェ理解の正当性を問うことは許されよう。彼はニーチェがキリスト教の中に見たものを真実に見ているであろうかと。さらに、人間の共同性は、単に人間相互の中だけで成立するものであろうか。人間がそこで生活する場としての自然は、人間が作り出す社会の中では何の役割も意味をも持たないのであろうか。事柄の当否は明瞭であるように思われる。

17 「賭けのない生はなく、生はいつも何らかの危険から離れてありえない」G・マルセル(山本信訳)「存在と所有」(世界の名著、続13、四三六頁) 一九七六年、中央公論社。

18 自からの思想を、「非学問的」、「断片的」と称したキルケゴールを想起せよ。体系化に対するアンチである。

19 上掲書、四四八頁

20 F.Loux, *Le Corps* : pratiques et savoirs populaires dans la société traditionnelle, 1979 ルークス(蔵持・信部訳)「肉体」、一九八三年、マルジュ社は示唆するところ大である。主に19世紀のフランスを対象としたものであるが、自然の一要素にすぎない人間の肉体が、誕生するやいなや、社会化され、文化的なものとして対象化されることを例証してくれる。「伝統、慣習」いうもののもつ巨大さを感じさせてくれる。

21 この点で、われわれは特に市川浩氏の諸労作に注目する。同氏著「精神としての身体」一九七五年、勁草書房。市川氏他著「身体の現象学」一九七七年、河出書房新社、市川「〈身〉の構造」一九八四年、青土社

22 清水博「生命を捉えなおす」、一九七八年、中央公論社、二四七頁以下

あとがき

以上は、すべて流通経済大学の諸誌に発表したものである。記せば、
序「読む」ということ――は表題の通り、学報「筑波」（現在、「RKU Today」）五三号（一九九二年春季号）五月二十日発行（但し、加筆訂正）。
第一部　内村鑑三・その政治観の変遷をめぐって、――特に田中正造との関連において――流通経済大学論集VOL・二九、No・二、一九九四年十一月発行。
第二部(A)「田中正造と新約聖書、そしてキリスト教？」（同右VOL・二八、No・一、一九九三年七月発行）
第二部(B)「ニーチェのキリスト教批判の核心」（流通経済大学創立二十周年記念論文集）一九八五年十二月発行）

お気付きのように、年次的には全く逆転しているが、内容的にみれば、第二部は第一部のための、いわば一種の予備的作業であった。

第一部に関して、家永三郎先生からの暖かい御批評と共に、誤字の指摘をいただいた。先生にお目にかかった事はないが、これ迄その多数の御労作を通して、多くの事を学び、教えられて来た。あらためて謝意を表わしたく思う。

第二部の(A)については、田中正造を安直にキリスト教と結びつけようとする傾向と風土に対する警鐘のつもりで、彼の言動を精査し、あらためての検証作業であった。と同時に、新約聖書研究の現状を踏まえながら、本質的には「キリスト教とは何か」を問い直す必要性とその責任が、全ての人に課せられている事を強調したつもりである。

(B)については、私にとっては唯一の恩師ともいうべき、今は亡き清水義樹先生(元、関東学院大学神学部長)を想起する事を許していただきたい。先生は私の学生時代、教員時代全体を通しての導き手であり、また、かけがえのない産婆術師であった。その考え方は異なっても、絶えざるダイアローグ(先生はいつも、ドイツ語風にディアローグと語り、倦むことがなかったが)の相手を終生努めて下さった。三年間の北海道勤務から解放されて、流通経済大学に移ってからの最初の論考であったこの論文が、いたくお気に召され、その公刊を奨めて下さった。

省みれば、学生としての最初の出会いの時から、海のものとも山のものとも分らぬ私に折にふれては著作の早そうの刊行をすすめて下さったのも先生であった。怠惰な私には叶わぬ事であったが、おそきに失したとはいえ今ようやくにしてこの様な形で先生の御期待とお励ましにお応えすることになった。故清水義樹先生を新ためて想起する所以である。

最後になったけれども、深い感謝と共に、日通学園学園長・佐伯弘治先生（流通経済大学名誉学長）に言及することを許していただきたい。

先生は、私の教員としての後半生の中で、常に転轍手の役割を心よく荷って下さった。大学紛争後、浪人生活を送っていた私に、しかもお会いして間もないのに、北海道の道都大学の新設に直接加わる事を勧めて下さり、三年後には流通経済大学への転勤の道を拓いて下さったのである。またこの著作の流通経済大学出版会による公刊をおすすめ下さったのも先生である。先生の度重なる御芳情と御友情に、心からの御礼を申し上げる次第である。

二〇〇二年四月

大竹庸悦

〈著者略歴〉

大 竹 庸 悦（おおたけ ようえつ）

1930年、宮城県に生まれる。
東北学院大学、関東学院大学、
東京神学大学院博士課程中退、
1960～62年シカゴ大学大学院留学、
関東学院大学、道都大学を経て、
流通経済大学名誉教授（現在）

内村鑑三《うちむらかんぞう》と田中正造《たなかしょうぞう》

発行日　2002年9月15日初版発行
著　者　大 竹 庸 悦
発行者　佐 伯 弘 治
発行所　流通経済大学出版会
〒301‐8555　茨城県龍ケ崎市平畑120
電話　0297‐64‐0001　FAX　0297‐60‐1165

ISBN4-947553-25-1 C3014 ¥2500E